スタート

스타트 일본어 회화

1

JPLUS

머리말

이 교재는 일본어를 시작하려는 초보자를 위하여 만든 기초 일본어 책입니다. 처음부터 배우는 학습자 또는 학교나 학원에서 몇 번 해보아서 글자는 알지만, 자연스러운 기초 회화를 배우려는 학습자에게 적합한 책입니다.

글자와 발음부터 시작하여 실제 생활에서 쓰이는 자연스러운 회화문을 중심으로 필수문형과 회화표현, 문법사항을 체계적으로 익힐 수 있도록 구성하였습니다.

한 과의 구성은 본문회화와 짧은 대화연습, 문법포인트 정리, 말하기, 듣기, 확인문제의 순으로 되어 있어 독학용은 물론 교실수업용으로도 활용될 수 있도록 곳곳에 재미있는 게임과 확인문제, 어휘 등을 넣으려 애썼습니다.

특히 본문의 회화부분은 일상생활에서 그대로 쓸 수 있는 실용적인 문장으로 엄선하였고, 다양한 어휘와 재미있는 삽화 등 학습의 재미를 더하였습니다.

MP3 트랙이 표시되어 있는 곳은 녹음이 되어 있으므로 듣기연습용으로 활용하기를 바랍니다.

この本は日本語の学習を始めようとされる初学者のために作られた基礎日本語の本です。一から習おうとする方、或いは学校や語学スクールでひらがな·カタカナぐらいは習われたという方に適した本です。

ひらがな·カタカナ、そして発音練習から始まり、実生活の中で使われている自然な会話文を中心に必修文型と表現、文法事項などを体系的に身につけることができるよう構成してあります。

本文、短文対話練習、文法ポイント整理、会話練習、聞き取り、練習問題の順になっており、独学用としてはもちろん、学校での授業教材としても活用できるよう、随所にゲームや練習、語彙などを入れるよう努めました。

特に本文の会話部分は、日常生活でそのまま使うことができる実用的な文だけを厳選し、多様な語彙とおもしろいイラストなどで学習の楽しさがより一層増すようにしました。

MP3のマークがついている所は録音されていますので、聞き取りの練習に活用してください。

이 책에 나오는 주인공

목차

unit 01 글자와 발음

히라가나 한자 초서체에서 변한 글자로 동글동글하고 예쁘다.

ひらがな

	あ行	か行	さ行	た行	な行	は行	ま行	や行	ら行	わ行
あ段	あ [a]	か [ka]	さ [sa]	た [ta]	な [na]	は [ha]	ま [ma]	や [ya]	ら [ra]	わ [wa]
い段	い [i]	き [ki]	し [shi]	ち [chi]	に [ni]	ひ [hi]	み [mi]		り [ri]	
う段	う [u]	く [ku]	す [su]	つ [tsu]	ぬ [nu]	ふ [hu]	む [mu]	ゆ [yu]	る [ru]	
え段	え [e]	け [ke]	せ [se]	て [te]	ね [ne]	へ [he]	め [me]		れ [re]	
お段	お [o]	こ [ko]	そ [so]	と [to]	の [no]	ほ [ho]	も [mo]	よ [yo]	ろ [ro]	を [o]
										ん [n]

が [ga]	ざ [za]	だ [da]
ぎ [gi]	じ [ji]	ぢ [ji]
ぐ [gu]	ず [zu]	づ [zu]
げ [ge]	ぜ [ze]	で [de]
ご [go]	ぞ [zo]	ど [do]

ば [ba]	ぱ [pa]
び [bi]	ぴ [pi]
ぶ [bu]	ぷ [pu]
べ [be]	ぺ [pe]
ぼ [bo]	ぽ [po]

가타카나 한자의 한 획을 따서 만든 글자이다. 외래어를 표기하거나 강조할 때 쓰인다.

カタカナ

	ア行	カ行	サ行	タ行	ナ行	ハ行	マ行	ヤ行	ラ行	ワ行
ア段	ア [a]	カ [ka]	サ [sa]	タ [ta]	ナ [na]	ハ [ha]	マ [ma]	ヤ [ya]	ラ [ra]	ワ [wa]
イ段	イ [i]	キ [ki]	シ [shi]	チ [chi]	ニ [ni]	ヒ [hi]	ミ [mi]		リ [ri]	
ウ段	ウ [u]	ク [ku]	ス [su]	ツ [tsu]	ヌ [nu]	フ [hu]	ム [mu]	ユ [yu]	ル [ru]	
エ段	エ [e]	ケ [ke]	セ [se]	テ [tw]	ネ [ne]	ヘ [he]	メ [me]		レ [re]	
オ段	オ [o]	コ [ko]	ソ [so]	ト [to]	ノ [no]	ホ [ho]	モ [mo]	ヨ [yo]	ロ [ro]	ヲ [o]
										ン [n]

ガ [ga]	ザ [za]	ダ [da]
ギ [gi]	ジ [ji]	ヂ [ji]
グ [gu]	ズ [zu]	ヅ [zu]
ゲ [ge]	ゼ [ze]	デ [de]
ゴ [go]	ゾ [zo]	ド [do]

バ [ba]	パ [pa]
ビ [bi]	ぴ [pi]
ブ [bu]	プ [pu]
ベ [be]	ペ [pe]
ボ [bo]	ポ [po]

▶ 일본어 글자는 우리의 한글에 해당하는 '가나'와 '한자'로 표기되는데, 가나에는 히라가나와 가타카나가 있다. 가타카나는 히라가나와 발음은 같고 글자 모양만 다르다.

청음 청음은 탁음이나 반탁음부호가 붙지 않은 맑은 소리이다.

Track 01

あ행 ‘아 이 우 에 오’와 같이 발음한다.

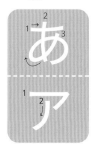

あ	い	う	え	お
ア	イ	ウ	エ	オ

あおい 파랗다　　うえ 위　　あい 사랑

か행 ‘카 키 쿠 케 코’와 같이 발음한다. 중간이나 끝에 올 때는 ‘까 끼 꾸 께 꼬’에 가깝게 발음한다.

か	き	く	け	こ
カ	キ	ク	ケ	コ

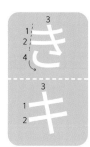

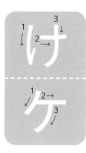

あかい 빨갛다　　きく 국화　　こい 사랑

さ행 ‘사 시 스 세 소’와 같이 발음한다. す는 ‘수’로 발음하지 않도록 주의한다.

さ	し	す (고리가 생기게)	せ	そ
サ	シ	ス	セ	ソ

すし 초밥　　かさ 우산　　しか 사슴

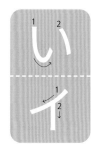

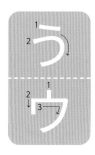

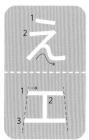

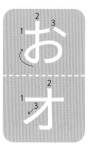

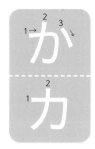

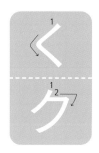

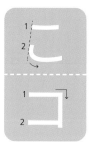

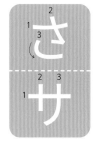

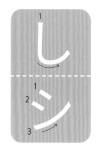

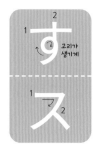

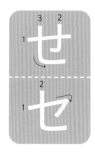

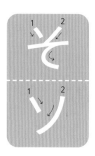

た행

'타 치 츠 테 토'와 비슷하다. つ를 '추'로 발음하지 않도록 주의한다.

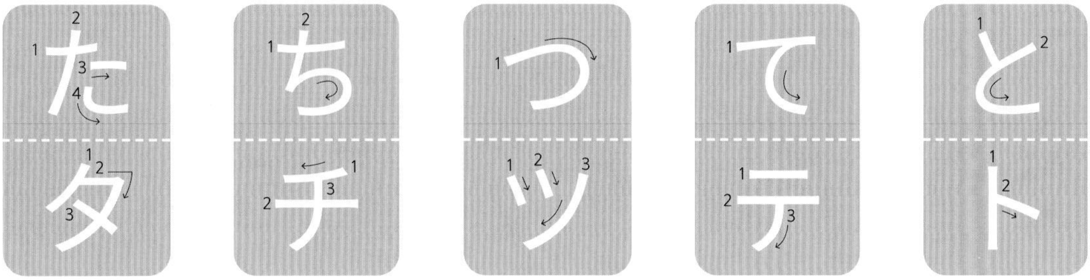

さとう 설탕　　くち 입　　あつい 덥다

な행

'나 니 누 네 노'와 같이 발음한다.

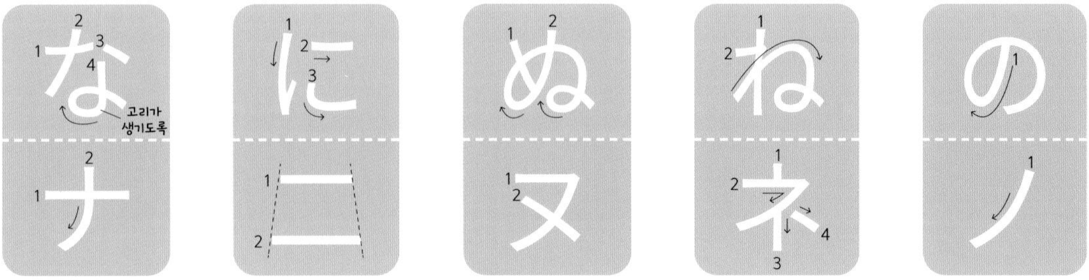

さかな 생선　　ねこ 고양이　　うえの 우에노(지명)

は행

'하 히 후 헤 호'와 같이 발음한다. 중간이나 끝에 오더라도 발음을 정확하게 해주어야 한다.

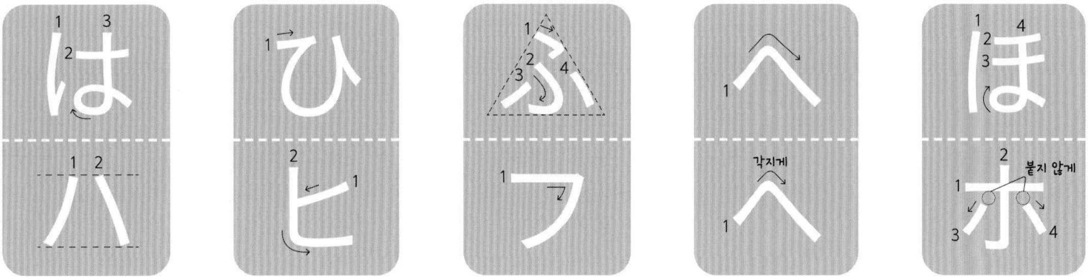

ひふか 피부과　　はは 어머니　　はな 꽃

청음

Track 02

ま 행 '마 미 무 메 모'와 같이 발음한다.

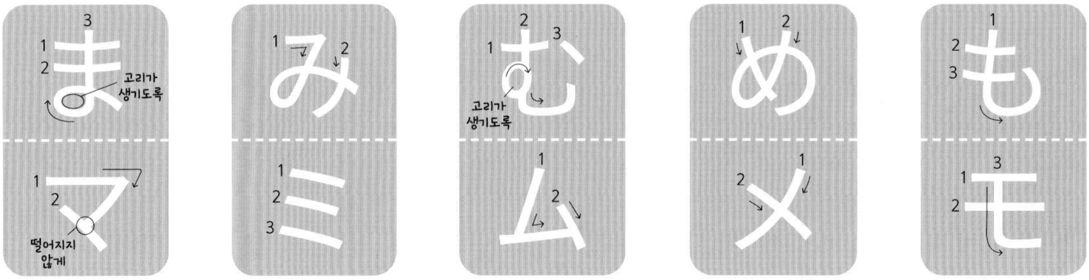

なまえ 이름　　みみ 귀　　むすめ 딸

や 행 '야 유 요'로 발음한다. 독립적으로도 쓰이고 반각크기로 작게 쓰여서 요음(이중모음)으로도 쓰인다.

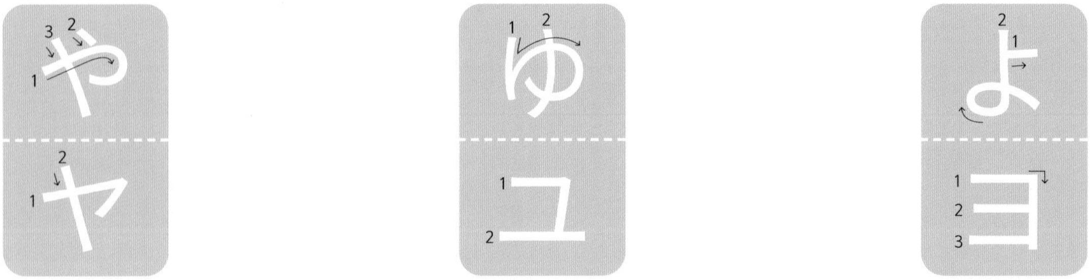

やま 산　　ゆめ 꿈　　よこはま 요코하마(지명)

ら 행 '라 리 루 레 로'와 같이 발음한다. 영어의 r 발음이 아니므로 자연스럽게 발음하면 된다.

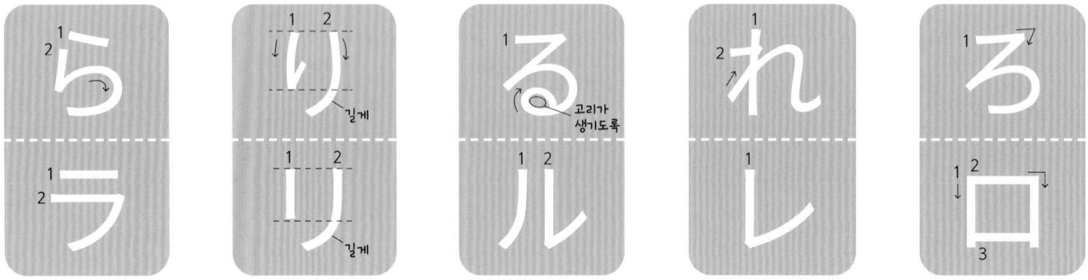

さくら 벚꽃　　さる 원숭이　　くらい 어둡다

わをん

각각 '와 오 응'으로 발음한다. を는 목적격 조사로만 쓰이고, ん은 받침역할을 한다.

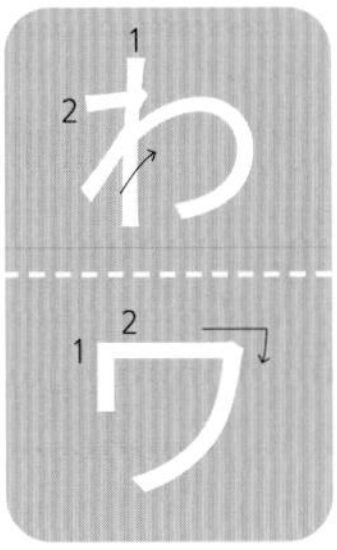

가타카나 'ヲ'는 현대어에서는 쓰지 않는다.

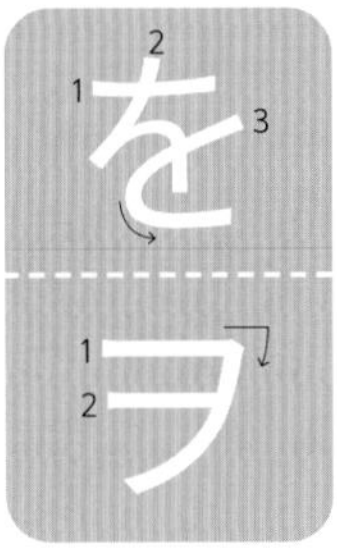

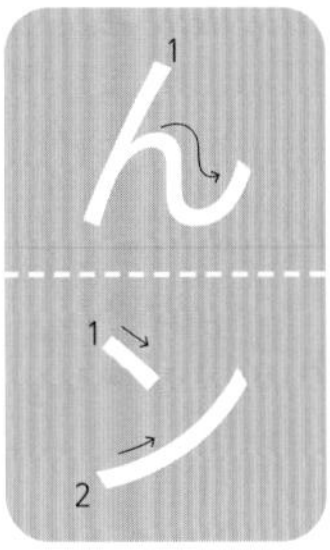

わに 악어

ほんをよむ 책을 읽다

みかん 귤

※ 틀리기 쉬운 글자 다음 글자를 읽어보세요.

ね …… れ …… わ

き …… さ

ぬ …… め

い …… り

は …… ほ

る …… ろ

ア …… マ

シ …… ツ

ク …… ワ

ウ …… ラ

ス …… ヌ

ル …… レ

コ …… ユ

セ …… ヤ

ソ …… ン

か …… カ

き …… キ

せ …… セ

그외 주의해야 할 발음

Track 03

탁음과 반탁음 탁음은 글자 어깨에 탁음부호가 붙은 글자이고, 반탁음은 글자 어깨에 반탁음 부호가 붙은 글자이다.

탁음	がぎぐげご	'가 기 구 게 고'와 비슷하지만, 초성에서는 [g]음으로, 중간이나 끝에 올 때는 [g]도 되고, [ŋ]도 된다.
탁음	ざじずぜぞ	'자 지 즈 제 조'와 비슷하지만, 'ざ ず ぜ ぞ'를 흔히 요음에서 나오는 'じゃ じゅ じぇ じょ'로 발음하기 쉬우므로 주의해야 한다.
탁음	だぢづでど	'다 지 즈 데 도'와 비슷하다. 'ぢ' 'づ'는 'じ' 'ず'와 발음이 같은데, 주로 'じ' 'ず'가 많이 쓰인다.
탁음	ばびぶべぼ	'바 비 부 베 보'와 같이 발음한다.
반탁음	ぱぴぷぺぽ	반탁음은 ぱ행 하나뿐이다. 앞글자로 올 때는 'ㅍ'음에 가깝게 내고, 끝에 올 때는 'ㅃ'음에 가깝게 낸다.

まど 창문

かぐ 가구

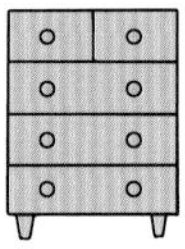

がか 화가

めがね 안경

ざる 소쿠리

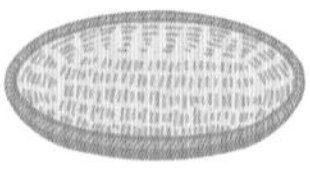

でんき 전기

ぶた 돼지

はば 폭

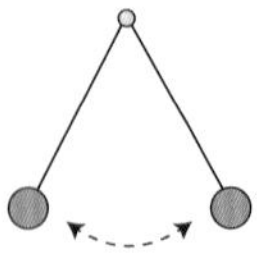

たんぽぽ 민들레

こども 아이

かど 모퉁이

ぼうし 모자

요음	[i]음이 나는 글자 [き ぎ し じ ち に ひ び ぴ み り]에 [や ゆ よ]를 작게 써서 붙인 것이다. 발음할 때는 한 박자로 읽는다.

청음에 요음이 붙은 경우　탁음에 요음이 붙은 경우

きゃ きゅ きょ	ぎゃ ぎゅ ぎょ	청음은 '캬 큐 쿄'로, 탁음은 '갸 규 교'로 발음한다.
しゃ しゅ しょ	じゃ じゅ じょ	청음은 '샤 슈 쇼'로, 탁음은 '쟈 쥬 죠'로 발음한다. 'じゃ じゅ じょ'는 'ざ ず ぞ'와 구분할 수 있어야 한다.
ちゃ ちゅ ちょ	ぢゃ ぢゅ ぢょ - - - - - - - - - - - - 잘 쓰이지 않음	청음은 '챠 츄 쵸'로, 탁음은 '쟈 쥬 죠'로 발음한다. 'ぢゃ ぢゅ ぢょ'는 'じゃ じゅ じょ'와 발음이 같은데, 주로 'じゃ じゅ じょ'가 많이 쓰인다.
にゃ にゅ にょ		'냐 뉴 뇨'와 같이 발음한다.
ひゃ ひゅ ひょ	びゃ びゅ びょ ぴゃ ぴゅ ぴょ	청음은 '햐 휴 효', 탁음은 '뱌 뷰 뵤', 반탁음은 '뺘 쀼 뾰'로 발음한다.
みゃ みゅ みょ		'먀 뮤 묘'로 발음한다.
りゃ りゅ りょ		'랴 류 료'로 발음한다.

かんきゃく 4박자 관객

びょういん 4박자 병원

ニュース 3박자 뉴스

りょこう 3박자 여행

しゃちょう 3박자 사장

じゅうしょ 3박자 주소

그외 주의해야 할 발음

Track 04

촉음

[つ]를 작게 써서 붙이면 우리말의 [ㅅ]받침 역할을 한다. 박자는 1박으로 친다.

おと	2박자 소리	いち	2박자 일(1)
おっと	3박자 남편	いっち	3박자 일치
かこ	2박자 과거	そち	3박자 조치
かっこ	2박자 괄호	そっち	3박자 그쪽

장음

앞 글자의 모음을 길게 하는 것인데 글자 하나의 박자를 살려 한 글자 만큼 길게 발음해야 한다. 가타카나의 장음은 [ー]로 표기한다.

あ단+あ

おばさん 4박자 아주머니

おばあさん 5박자 할머니 → [오바~상]과 같이 '바'의 모음을 한 박자 더 길게 빼준다.

い단+い

おじさん 4박자 아저씨

おじいさん 5박자 할아버지

う단+う

くうき 3박자 공기

せんぷうき 5박자 선풍기

え단+い/え

え단의 장음은 뒤에 え가 오는 경우보다 い가 오는 경우가 많다. [에이가]가 아니라 [에~가] 하고 '에'음을 한 박자 더 길게 빼준다.

えいが 3박자 영화

せんせい 4박자 선생님

お단+お/う

おおきい 4박자 크다

おとうさん 5박자 아버지

おおきい의 경우 장음이 두 군데 있다.

가타카나의 경우

コーラ 3박자 콜라

ジュース 3박자 주스

발음방법은 같고, 표기만 [ー]로 한다.

그외 주의해야 할 발음

Track 05

ん발음

일본어에서 받침역할을 하는 글자는 「っ」와 「ん」 두 개가 있다. 「ん」은 뒤에 오는 글자에 따라 [ㅁ] [ㄴ] [ㅇ] 으로 발음된다.

さんぽ	3박자 산책	ん 뒤에 [ば ぱ ま]행이 올 때는 [ㅁ]으로 발음한다. 받침역할을 하지만 박자는 1박자 그대로 발음해야 한다.
せんせい	4박자 선생님	ん 뒤에 [さ ざ た だ な ら]행이 올 때는 [ㄴ]으로 발음한다.
りんご	3박자 사과	ん 뒤에 [あ か が や わ]행이 올 때는 [ㅇ]으로 발음한다.

▶ 다음 글자를 비교하며 읽어 보세요.

かんこく 한국 ------------------ かんごく 감옥

せんねん 천년 ------------------ せんれん 세련

きんえん 금연 ------------------ きんねん 금년

이것만은 알아둡시다!

❶ 발음할 때 박자는 살린다. : 요음을 제외하고는 모든 글자가 (받침으로 쓰이는 っ, ん도 포함해서) 글자 하나에 한 박자의 음값을 가지고 있기 때문에, 글자 하나하나를 또박또박 발음해 준다. 가령, '편리'란 뜻의 べんり를 '벤니'나 '벨리'로 연음화 시키지 말고 '벤리'로 발음하는 것이다.

❷ 일본어는 억양이 있다. : 일본어는 음의 높고 낮음이 있는데, 반복해서 들으면서 네이티브의 억양에 익숙해지도록 하자.

❸ 더없이 중요한 한자 : 일본어는 '가나'로만 표기되는 것이 아니라 한자와 히라가나, 가타카나가 섞여 있다. 가나를 익힌 다음은 한자를 보고 일본식으로 읽는 연습도 하도록 하자.

▶ 일본어는 원래 띄어쓰기를 하지 않지만, 초급교재에 맞추어 이 책에서는 편의상 띄어쓰기를 했음을 밝혀 둔다.

확인문제

Track 06

1 듣기문제 : 잘 듣고 맞는 것을 고르세요. O X

❶ a. ( ) くち b. ( ) くつ

❷ a. ( ) さる b. ( ) ざる

❸ a. ( ) ふた b. ( ) ぶた

❹ a. ( ) おばさん b. ( ) おばあさん

❺ a. ( ) おと b. ( ) おっと

2 쓰기문제 : 다음 단어는 몇 박자일까요? 박자 수를 쓰세요.

예	あ り	2
❶	わ た し	
❷	カ メ ラ	
❸	か っ こ	
❹	り ょ こ う	
❺	じ ゅ う し ょ	
❻	お か あ さ ん	
❼	コ ー ラ	
❽	せ ん せ い	

unit 02 おはようございます。

1. 집에서

A おはよう。 잘 잤니?
오 하 요 -

B おはよう。 안녕히 주무셨어요?
오 하 요 -

아침인사. 윗사람에게는「おはようございます」라고 하지만, 가족끼리는「おはよう」라고도 한다.

A ごはん たべなさい。 밥 먹어라.
고 항 타 베 나 사 이

B いただきます。 잘 먹겠습니다.
이 타 다 키 마 스

B ごちそうさまでした。 잘 먹었습니다.
고 치 소 - 사 마 데 시 타

"식사시간이에요" "식사하세요"라는 뜻으로「ごはんですよ」라고도 한다. 식사하기 전에는「いただきます」식사 후에는「ごちそうさまでした」또는「ごちそうさま」라고 인사한다.

A いってきます。 다녀오겠습니다.
잇 테 키 마 스

B いってらっしゃい。 잘 갔다와라.
잇 테 랏 샤 이

집을 나설 때는「いってきます」라고 인사하고, 이때 "다녀오세요" 또는 "갔다와라"라는 뜻으로「いってらっしゃい」라고 말한다.

2. 등교길에

A **おはよう。** 안녕!
오 하 요 -

B **おはよう。** 안녕!
오 하 요 -

いっしょに いこう。 같이 가자.
잇 쇼 니 이 코

아침 등교길에 친구를 만났을 때는「おはよう」라고 인사한다.「いっしょに いこう」는 “같이 가자”는 말.

A **おはようございます。** 안녕하세요?
오 하 요 - 고 자 이 마 스

B **おはよう。** 안녕.
오 하 요 -

「おはようございます」는 높임말이다. 아침에 선생님이나 윗사람을 만났을 때 하는 인사.

3. 학교에서

A **しゅっせきを とります。** 출석을 부르겠습니다.
슛 세 키 오 토 리 마 스

なかむら たけし。 나카무라 다케시!
나 카 무 라 다 케 시

B **はい。** 예!
하 이

대답할 때 “예”는「はい」“아니오”는「いいえ」라고 한다.

4. 수업이 끝나고 ①

A **きを つけ、れい。** 차렷! 경례.
키 오 츠 케 레 -

B **ありがとうございました。** 감사합니다.
아 리 가 토 - 고 자 이 마 시 타

수업이 끝나면 선생님께 「ありがとうございました」 라고 인사한다.

5. 수업이 끝나고 ②

A **せんせい、さようなら。** 선생님, 안녕히 가세요.
센 세 - 사 요 - 나 라

B **さようなら。** 잘 가라.
사 요 - 나 라

헤어질 때는 「さようなら」라고 인사한다. 존댓말이나 반말이 따로 없어 누구나 쓸 수 있다. 친구끼리는 「じゃ、また」(그럼, 또 보자)와 같이 말하기도 한다. 선생님은 「せんせい」라고 한다.

6. 친구의 엄마를 만났을 때

A **こんにちは。** 안녕하세요.
곤 니 치 와

B **しんたろうくん、こんにちは。** 신타로야, 안녕.
신 타 로 군 곤 니 치 와

낮인사는 「こんにちは」, 저녁인사는 「こんばんは」라고 하는데, 윗사람에게나 친구에게나 두루 쓸 수 있다. 친구나 손아래 사람의 이름을 부를 때, 남자 이름 뒤에는 「くん」을, 여자 이름 뒤에는 「ちゃん」을 붙여서 부르면 친근한 느낌이 든다.

7. 친구와 헤어질 때

A **また あしたね。** 내일 또 보자.
마 타 아 시 타 네

B **じゃあね、バイバイ。** 그럼, 안녕.
쟈 - 네 바 이 바 이

친구와 헤어질 때의 인사말이다. 「バイバイ」는 영어의 bye bye. 전화를 끊을 때도 이렇게 인사하기도 한다.

8. 귀가 ①

A **ただいま。** 다녀왔습니다.
타 다 이 마

B **おかえり。** 이제 오니?
오 카 에 리

밖에 나갔다가 집이나 회사로 들어오면 「ただいま」라고 인사한다. 이때 맞이하는 사람은 「おかえり」(이제 오니?) 또는 「おかえりなさい」(이제 오세요?)와 같이 말한다.

귀가 ②

A **ただいま。** 나 왔어.
타 다 이 마

B **おとうさん、おかえりなさい。** 아빠, 이제 오세요?
오 토 - 상 오 카 에 리 나 사 이

「おとうさん」은 '아버지'. '어머니'는 「おかあさん」이라고 한다.

9. 저녁식사시간

ごはんですよ。 식사하세요. いただきます。 잘 먹겠습니다.
고 항 데 스 요 　 이 타 다 키 마 스

「ごはんですよ」는 직역하면 “밥이에요”. 즉, “식사시간이에요” “식사하세요”라는 말이다.

10. 저녁식사가 끝나고

ごちそうさまでした。 잘 먹었습니다.
고 치 소 - 사 마 데 시 타

식사 후에는 「ごちそうさまでした」 또는 「ごちそうさま」라고 한다.

11. 자기 전에

A おやすみなさい。 안녕히 주무세요.
오 야 스 미 나 사 이

B おやすみ。 잘 자라.
오 야 스 미

잠자리에 들기 전에 이렇게 인사하고 또 늦은 밤 헤어질 때도 이렇게 인사한다.

12. 생일을 축하할 때

A たんじょうび おめでとう。 생일 축하해.
탄 죠 - 비 오 메 데 토 -

B おめでとう。 축하해.
오 메 데 토 -

C ありがとう。 고마워.
아 리 가 토 -

「おめでとう」의 높임말은 「おめでとうございます」.

13. 남의 발을 밟았을 때

A **すみません。** 죄송해요.
스 미 마 셍

B **だいじょうぶです。** 괜찮습니다.
다 이 죠 - 부 데 스

「すみません」은 사과할 때도 쓰지만, '고맙습니다'란 뜻도 있고, 식당에서 점원을 부르거나 모르는 사람에게 말을 걸 때도 쓴다.

14. 자리를 양보할 때

A **どうぞ。** 앉으세요.
도 - 조

B **すみません。** 고마워요.
스 미 마 셍

남에게 어떤 일을 권유하거나 할 때는 「どうぞ」(하시죠, 그러세요 등)라고 하는데, 이렇게 권유를 받고 대답을 할 때는 고맙다는 뜻으로 「すみません」 또는 「どうも」라고 한다.

15. 식당에서 점원을 부를 때

A **すみません。** 저기요.
스 미 마 셍

B **はい。** 예.
하 이

식당이나 가게 등에서 점원을 부를 때는 직접 '아저씨' '아가씨'와 같이 부르지 않고 「すみません」이라고 한다.

말하기

1 다음 빈칸에 들어갈 말을 ひらがな로 쓰고 말해 보세요.

❶ 잘 먹겠습니다.

い□□□□□。

❷ 잘 먹었습니다.

ご□□□□□□□□。

❸ 안녕히 주무세요.

お□□□□□□。

❹ 죄송해요.

□□□□ん。

❺ 앉으세요.

□う□。

듣기

Track 08

1 잘 듣고 그 대답으로 적당한 표현을 고르세요.

1

A : ただいま。

B : ________________。

a. ありがとう

b. どうも

c. おかえり

d. すみません

2

A : また あしたね。

B : ________________。

a. こんにちは

b. どうも

c. すみません

d. じゃあね、バイバイ

3

A : たんじょうび おめでとう。

B : ________________。

a. ありがとう

b. おめでとう

c. どうぞ

d. ごちそうさま

unit 03

はじめまして。

스즈키 신타로가 박중태와 연희가 살고 있는 하숙집으로 새로 들어왔습니다.

はじめまして。鈴木(すずき)しんたろうです。

よろしく おねがいします。

こちらこそ よろしく。

ジョンです。アメリカ人(じん)です。よろしく。

私(わたし)は パク ジュンテです。よろしく おねがいします。

はじめまして、イ ヨンヒです。

ヨンヒさんは 高校生(こうこうせい)ですか。

はい、そうです。よろしく おねがいします。

신타로	처음 뵙겠습니다. 스즈키 신타로입니다. 잘 부탁합니다.
아줌마	저야말로 잘 부탁해요.
존	존이에요. 미국사람이에요. 잘 부탁해요.
박중태	저는 박 중태입니다. 만나서 반가워요.
이연희	처음 뵙겠습니다. 이 연희예요.
신타로	연희 씨는 고등학생이에요?
이연희	네, 그래요. 잘 부탁합니다.

単語

- はじめまして 처음 뵙겠습니다
- 〜です ~입니다
- よろしく 잘(인사말에서)
- おねがいします 부탁합니다
- こちらこそ 저야말로
- アメリカ人(じん) 미국인
- 私(わたし) 저, 나
- 〜は ~은/는
- 〜さん ~씨, 님
- 高校生(こうこうせい) 고등학생
- ですか ~입니까?
- はい、そうです 네, 그렇습니다

다음 밑줄 친 부분을 바꾸어 말해 보세요.

はじめまして。私(わたし)は ゆうこです。
よろしく おねがいします。
처음 뵙겠습니다. 저는 유코입니다. 잘 부탁합니다.

ゆうこ　　キム　　スミス　　たかし

문법 패턴 익히기

1 ~は ~です ~은 ~입니다

「は」는 '~은/는'에 해당하는 말로, 조사로 쓰일 때는 [와]로 발음한다. 「です」는 '~입니다'. 「~は ~です」는 '~은 ~입니다'란 뜻으로 가장 기본이 되는 문형이다.

❶ 이름을 말할 때

私は すずき しんたろうです。　저는 스즈키 신타로입니다.

私は ジョンです。　저는 존입니다.

❷ 국적을 말할 때

私は 韓国人(かんこくじん)です。　저는 한국 사람입니다.

私は 日本人(にほんじん)です。　저는 일본 사람입니다.

❸ 직업을 말할 때

私は 大学生(だいがくせい)です。　저는 대학생입니다.

私は 会社員(かいしゃいん)です。　저는 회사원입니다.

2 ~は ~ですか ~은 ~입니까?

「か」는 '~까?'에 해당하는 의문조사이다.

A：さとうさんは 大学生(だいがくせい)ですか。　사토 씨는 대학생입니까?

B1：はい、(私は) 大学生です。　네, (저는) 대학생입니다.

B2：いいえ、大学生では ありません。　아뇨, 대학생이 아닙니다.

「~です」는 '~입니다', '~이 아닙니다'는 「~では ありません」이라고 한다.

3 はい、そうです 네, 그렇습니다

'예'는 「はい」, '아니오'는 「いいえ」라고 한다.
「はい、そうです」의 반대표현은 「いいえ、ちがいます」(아뇨, 아닙니다).

A : きむらさんは 高校生(こうこうせい)ですか。 기무라 씨는 고등학생입니까?

B1 : はい、そうです。 네, 그렇습니다.

B2 : いいえ、ちがいます。 아뇨, 아닙니다.

암기표현

～です ~입니다	～ですか ~입니까?	～ではありません ~이 아닙니다

4 ～さん ~씨, 님

상대방을 부를 때는 성에 「~さん」을 붙여서 「すずきさん」(스즈키 씨) 하고 부르면 된다.

1인칭	わたし(나, 저) / ぼく(나-남자가 쓰는 말)
2인칭	あなた(당신) / きみ(자네) / ~さん(~씨), ~ちゃん ▶「ちゃん」은 「さん」보다 친근한 느낌.
3인칭	かれ(그) / かのじょ(그녀) / ~さん(~씨)
부정칭	だれ(누구) / どなた(어느분 '누구'의 높임말) / どのかた(어느분)

1인칭은 「わたし」, 다른 사람을 부를 때는 「~さん」으로 하는 것이 가장 일반적이다.

単語

- 韓国人(かんこくじん) 한국인
- 日本人(にほんじん) 일본인
- 大学生(だいがくせい) 대학생
- 会社員(かいしゃいん) 회사원
- あなた 당신
- いいえ 아뇨
- ～ではありません ~이 아닙니다
- ちがいます 아닙니다(다릅니다)

말하기

1 다음 그림을 보고 예 와 같이 말해 보세요.

> 예 はじめまして。
> 私は キム ジェミンです。
> よろしく おねがいします。

❶
キム ジェミン
韓国人(かんこくじん)
高校生(こうこうせい)

❷
なかむら ゆうこ
日本人(にほんじん)
会社員(かいしゃいん)

❸
スミス
アメリカ人(じん)
大学生(だいがくせい)

2 위 그림을 보고 다음 질문에 답하세요.

❶ キムさんは 大学生(だいがくせい)ですか。 ____________________

❷ なかむらさんは 日本人(にほんじん)ですか。 ____________________

❸ スミスさんは 会社員(かいしゃいん)ですか。 ____________________

ヒント はい、そうです　　いいえ、ちがいます　　~では ありません

あなたは 大学生(だいがくせい)ですか?

듣기

Track 11

1 잘 듣고 다음 표를 완성하세요.

	たなか たかし	ソン ジヨン
국적		
직업		

単語

・~の方(かた) ~의 분

2 잘 듣고 맞는 그림을 고르세요.

1

2

3

4

확인문제

1 다음 그림을 보고 빈칸에 들어갈 말을 써 넣으세요.

1

__________________ (처음 뵙겠습니다.)

私は __________ です。 저는 (김재민)입니다.

私は __________ です。 저는 (한국사람)입니다.

私は __________ です。 저는 (고등학생)입니다.

__________________ (잘 부탁합니다.)

2

__________________ (처음 뵙겠습니다.)

私は __________ です。 저는 (유우코)입니다.

私は __________ です。 저는 (일본사람)입니다.

私は __________ です。 저는 (회사원)입니다.

__________________ (잘 부탁합니다.)

2 다음 한자의 발음으로 맞는 것을 고르세요.

❶ 大学生
① だいかくせい ② だいがくせい
③ たいかくせい ④ たいがくせい

❷ 高校生
① ここせい ② ここうせ
③ こうこうせい ④ ごうこうせい

❸ 会社員
① がいさいん ② がいしゃいん
③ かいさいん ④ かいしゃいん

❹ 日本人
① にほんにん ② にぼんじん
③ にほんじん ④ にっほんじん

おもしろい むかしばなし

후쿠로 연못

* 나뭇잎이 하나도 뜨지 않는 신기한 연못 이야기입니다. 도미오카성(富岡城)이라는 성 입구 옆에 '후쿠로이케'라는 연못이 있습니다. 옛날에는 물고기 모습을 볼 수 있을 정도로 맑은 연못이었는데, 지금은 흙탕물처럼 흐려져서 연못 밑을 볼 수 없습니다.

옛날 어느 마을에 연못이 있었는데, 이 연못 가까이에는 쌀가게가 있었습니다. 쌀 가게에는 아리따운 딸이 하나 있었는데, 자주 이 연못으로 쌀을 씻으러 왔었습니다. 그 딸은 아름다운데다가 마음씨도 고와서 도미오카(지명)에서는 물론이고 이웃 마을에까지 소문이 자자했습니다.

부모는 딸에게 잘 어울리는 사위를 찾으려 했지만, 마음에 드는 신랑감이 없었습니다. 쌀가게 주인은 "역시 우리집이 부자가 되면 좋은 신랑감도 찾을 수 있을 게야."라며 상술을 부려 재산을 늘리기로 결심했습니다.

쌀가게 주인은 상술을 사용하여 큰 되와 작은 되로 쌀을 사고 팔았습니다. 이 방법으로 쌀가게는 점점 부유해졌지만, 착한 딸은 부모의 속임수에 마음이 아팠습니다. 딸은 부모에게 "아버지, 그런 수치스러운 짓은 하지 마세요."라고 만류했지만, 부모님은 귀를 기울이지 않았습니다.

어느 날 딸은 후쿠로 연못에 쌀을 씻으러 갔다가 미끄러져 연못에 빠져 죽었습니다. 나중에 마을 사람들이 연못에서 딸의 시체를 발견했으나, 딸은 신기하게도 구렁이로 변해 물속으로 사라졌습니다. 부모는 딸이 구렁이로 변한 것을 보고 슬픔에 잠기며, "네가 구렁이가 된 것은 다 내 탓이구나. 내가 천벌을 받은 게야. 미안하구나." 라고 탄식했습니다. 그들은 큰 되와 작은 되 모두를 불태우고, 연못 옆에 사당을 지어 딸의 영혼을 위로했습니다.

그 이후, 연못의 수면에는 나뭇잎 하나 떠다니지 않게 되었습니다. 어느 날 아침, 연못에서 젊은 여자가 나뭇잎을 열심히 치우고 있는 모습이 목격되었습니다. 마을 주민들은 그 여자가 구렁이일 것이라고 생각하며, 새벽에 연못에 가는 것을 두려워했습니다. 또 다른 날, 어부가 연못에서 물고기를 잡으려 하자 갑자기 폭풍우가 일어나 도망치게 되었고, 이후 연못의 물은 흐려지고 물고기도 사라졌다고 합니다. 현재 이 연못에는 여전히 나뭇잎 하나 뜨지 않는다고 전해집니다.

unit 04
これは何(なん)ですか。

연희랑 존은 신타로 짐을 같이 들어줍니다. 가방 안에 있는 휴대폰을 본 연희가 신타로에게 묻습니다.

しんたろうさん、これは 何(なん)ですか。

どれですか。

これです。

それは けいたい電話(でんわ)です。

日本(にほん)のですか。

はい、そうですよ。

– 존도 신타로 가방 안을 살펴보면서 –

おっ!! これは プレイステーションですね!!

そうですよ。

やった~。

Track 12

이연희	신타로 씨, 이건 뭐예요?
신타로	어느거요?
이연희	이거요.
신타로	그건 휴대폰이에요.
이연희	일본 거예요?
신타로	네, 그래요.
	―존도 신타로 가방 안을 살펴보면서―
존	와~ 이건 플레이스테이션이지요?
신타로	맞아요.
존	야호~.

単語

- これ 이것
- 何(なん/なに) 무엇
- どれ 어느 것
- それ 그것
- けいたい電話(でんわ) 휴대폰
- 日本(にほん) 일본
- ～よ ～요(강조)
- ～の ～의, ～의 것
- おっ 어!
- プレイステーション 플레이스테이션
- やった 야호(신날 때)

Track 13

다음 그림의 밑줄 친 부분을 바꾸어 말해 보세요.

それは 何ですか。
그건 뭐예요?

これは ノートです。
이건 노트예요.

ノート
노트

ボールペン
볼펜

いす
의자

とけい
시계

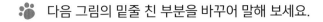

でんわ
전화

문법 패턴 익히기

1 これ それ あれ どれ 이것, 그것, 저것, 어느 것

これ	それ	あれ	どれ
이것	그것	저것	어느것
화자에게 가까운 곳에 있는 것	상대방에게 가까운 곳에 있는 것	두 사람한테서 떨어져 있는 것	확실하지 않은 것

2 ～は 何ですか ～은 뭐예요? / ～가 뭐예요?

무엇이냐고 묻는 말이다. 대답은 「～は ～です」(~은 ~입니다)와 같이 하면 된다.

① A：これは 何(なん)ですか。　이것은 뭐예요?

B：それは けいたい電話(でんわ)です。　그것은 휴대폰이에요.

② A：それは 何(なん)ですか。　그건 뭐예요?

B：これは 本(ほん)です。　이건 책이에요.

③ A：あれは 何(なん)ですか。　저게 뭐예요?

B：あれは さいふです。　저건 지갑이에요.

3 ～の ～의, ～의 것

우리말은 명사와 명사 사이에 '～의'가 생략되는 경우가 많지만 일본어에서는 반드시 「～の」가 들어간다.

❶ ～의 소유나 소속, 국적, 메이커(제조사) 등을 나타낸다.

- それは 日本(にほん)の けいたい電話(でんわ)です。　그건 일본 휴대폰입니다.
- これは 韓国(かんこく)の 食(た)べ物(もの)です。　이건 한국 음식입니다.
- あれは 中村(なかむら)さんの さいふです。　저건 나카무라 씨 지갑입니다.

❷ ~의 것　「～の」는 '～의 것'이라는 뜻도 있다.「日本のですか」는 '일본의예요?'가 아니라 '일본 거예요?'란 뜻이다.

• これは 私(わたし)のです。　이건 내 것입니다.
• それは 日本(にほん)のです。　그건 일본 것입니다.
• あれは 中村(なかむら)さんのです。　저건 나카무라 씨 것입니다.

4 やった～ 아싸~, 야호(기쁨)

기쁠 때 나오는 환호성이다. 반대로 실망했을 때는「あ～あ」라고 한다.

• やった～。ごうかくした!　야호~. 합격했다!
• あ～あ、しっぱいした。　어휴, 실패했네.

5 ～ね / ～よ 종조사

문장 끝에 붙는 종조사「～ね」는 감탄이나 확인 등을 나타내고,「～よ」는 화자의 주장(특히 상대방이 모르는 것을 가르쳐줄 때)을 나타낸다.「～よ」는 우리말의 '~요'와 같지 않으므로 너무 많이 쓰면 어조가 너무 강해지므로 주의가 필요하다.

A : スミスさんは 学生(がくせい)ですね?　스미스 씨는 학생이죠?
B : はい、そうです。　예, 맞습니다.
A : これは だれのですか。　이건 누구 거예요?
B : それは スミスさんのですよ。　그건 스미스 씨 거예요.

単語
· 本(ほん) 책
· 韓国(かんこく) 한국
· 食(た)べ物(もの) 음식
· ごうかく 합격
· しっぱい 실패
· 学生(がくせい) 학생(주로 대학생)

말하기

1 だれの ものですか。 누구의 물건일까요? 다음 그림을 보고 예와 같이 말해 보세요.

1 たかし　2 スミス　3 えりこ　4 ジェミン

예 これは たかしさんの ぼうしです。  ________________ 

________________  ________________ 

2 다음 대화문을 연습한 다음 위 1번의 단어를 이용하여 말해 보세요.

A : これは 何（なん）ですか。　이건 뭐예요?

B : それは とけいです。　그건 시계예요.

A : だれの とけいですか。　누구의 시계예요?

B : ゆうこさんの とけいです。　유우코 씨의 시계예요.

単語
- だれ 누구
- もの 물건
- ぼうし 모자
- かばん 가방

듣기

Track 14

1 잘 듣고 맞는 그림을 고르세요.

1
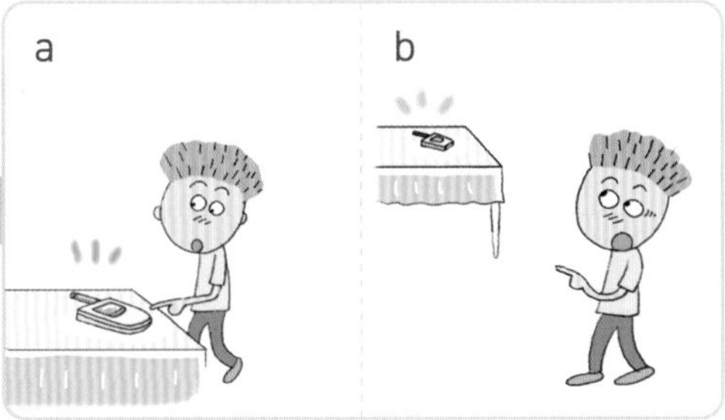

2

3

4

2 잘 듣고 해당하는 위치의 번호를 쓰세요.

확인문제

1 다음 그림을 보고 **これ それ あれ** 중 적당한 말을 빈칸에 써 넣으세요.

❶ ______ は かばんです。

❷ ______ は ぼうしです。

❸ ______ は けいたい電話です。

2 다음 그림을 보고 빈칸에 들어갈 말을 써 넣으세요.

❶

❷

❸

❹

응용연습

▶ 나라 이름을 익히고 다음 예와 같이 말해 보세요.

日本(にほん) 일본　　アメリカ 미국　　中国(ちゅうごく) 중국
イタリア 이탈리아　　フランス 프랑스

▶ 나라 이름에 人(じん)을 붙이면 그 나라 사람을 나타낸다.

04

1 日本(にほん)
ロボット(로봇)

예
これは 日本 の ロボット です。

2 アメリカ
チョコレート(초콜릿)

これは ______ の ______ です。

3 中国(ちゅうごく)
かばん(가방)

これは ______ の ______ です。

4 イタリア
めがね(안경)

これは ______ の ______ です。

5 フランス
ワイン(와인)

これは ______ の ______ です。

単語
· ロボット 로봇
· チョコレート 초콜릿
· めがね 안경
· ワイン 와인

unit 05 部屋(へや)は どこですか。

하숙집 아주머니께 방을 소개받고, 2층으로 올라온 신타로와 존.

ここが しんたろうくんの 部屋(へや)ですよ。

どうも、すみません。

- 다른 데를 둘러보면서 -

ジョンさんの 部屋(へや)は どこですか。

わたしの 部屋(へや)は ここです。

あの 部屋(へや)は なんですか。

あそこは トイレです。

では、食堂(しょくどう)は どこですか。

食堂(しょくどう)は 1階(いっかい)です。

Track 15

아줌마	여기가 신타로 씨 방이에요.
신타로	고맙습니다.
	ㅡ다른 데를 둘러보면서ㅡ
신타로	존 씨 방은 어디예요?
존	내 방은 여기예요.
신타로	저 방은 뭐예요?
존	저긴 화장실이에요.
신타로	그럼, 식당은 어디예요?
존	식당은 1층이에요.

単語

- ここ 여기
- ～が ~이/가
- くん ~군
- 部屋(へや) 방
- どうも 대단히
- すみません 고맙습니다
- どこ 어디
- あの 저
- あそこ 저곳, 저기
- トイレ 화장실
- 食堂(しょくどう) 식당
- 1階(いっかい) 1층

Track 16

다음 그림의 밑줄 친 부분을 바꾸어 말해 보세요.

ここは どこですか。
여긴 어디예요?

そこは 学校(がっこう)です。
거긴 학교예요.

学校(がっこう)	郵便局(ゆうびんきょく)	銀行(ぎんこう)	薬局(やっきょく)	デパート
학교	우체국	은행	약국	백화점

문법 패턴 익히기

1 こそあど

こ	これ 이것	ここ 여기	この 이	こちら 이쪽	こう 이렇게
そ	それ 그것	そこ 거기	その 그	そちら 그쪽	そう 그렇게
あ	あれ 저것	あそこ 저기	あの 저	あちら 저쪽	ああ 저렇게
ど	どれ 어느것	どこ 어디	どの 어느	どちら 어느쪽	どう 어떻게

こそあど의 기본 개념은 「こ」는 말하는 사람에게 가까운 것, 「そ」는 상대방에게 가까운 것, 「あ」는 양쪽 모두에게 다 먼 것을 나타낸다.

2 この その あの どの 이, 그, 저, 어느

この, その, あの, どの는 뒤에 오는 명사를 꾸며 준다.

- この 本(ほん) 이 책
- その 人(ひと) 그 사람
- あの 本(ほん) 저 책
- どの 人(ひと) 누구 = だれ

単語
- 人(ひと) 사람

단, '그 사람'이라고 할 때, 「その人」와 「あの人」 둘 다 가능한데, 말하는 사람이 서로 아는 사람이라면 「あの人」라고 하고, 한 쪽만 아는 사람이라면 「その人」라고 한다.

A : J-plusの えりこさん しってる? 제이플러스의 에리코 씨 알아?
B : えりこさん? しってるよ。 에리코 씨? 알아.
あの人(ひと) おもしろいね。 그 사람 재밌지.

3 すみません

❶ 고맙습니다. <고마움>

「ありがとうございます。」와 같은 뜻이다. 짧게 「どうも。」라고도 한다.

A: てつだいますよ。 도와 드릴게요.

B: (どうも) すみません。 고마워요.

❷ 죄송합니다. <미안함>

가볍게 사과할 때 미안하다는 뜻으로 쓰는 말이다.

- あっ、すみません。 아이쿠, 죄송해요.
- ほんとうに すみません。 정말 죄송해요.

❸ 저기요… <사람을 부를 때>

가게나 음식점 등에서 점원을 부르거나, 모르는 사람을 부를 때 쓴다.

- すみません。 여기요.(식당에서)
- ちょっと すみません。 저, 잠깐만요.(길에서 사람을 부를 때)

4 기본숫자 1～10

いち　に　さん　し(よん)　ご

ろく　しち(なな)　はち　きゅう(く)　じゅう

0은「れい」또는「ゼロ」라고 한다. 4는 1,2,3,4.. 와 같이 숫자를 차례대로 읽을 때는「し」라고 읽지만, 보통 금액이나 갯수 등을 헤아릴 때는「よん」이나「よ」로 읽는다. 4円(よえん) 4時(よじ) 4年生(よねんせい). 9도 금액을 읽을 때는「きゅう」로 읽지만, 9시는「くじ」로 발음한다.

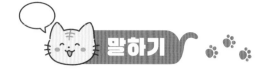

말하기

なんがいですか。 몇 층이에요?

기본 숫자에 층수를 나타내는 「かい(階)」를 붙이면 발음에 변화가 생긴다. 각 층수를 읽어 보자.

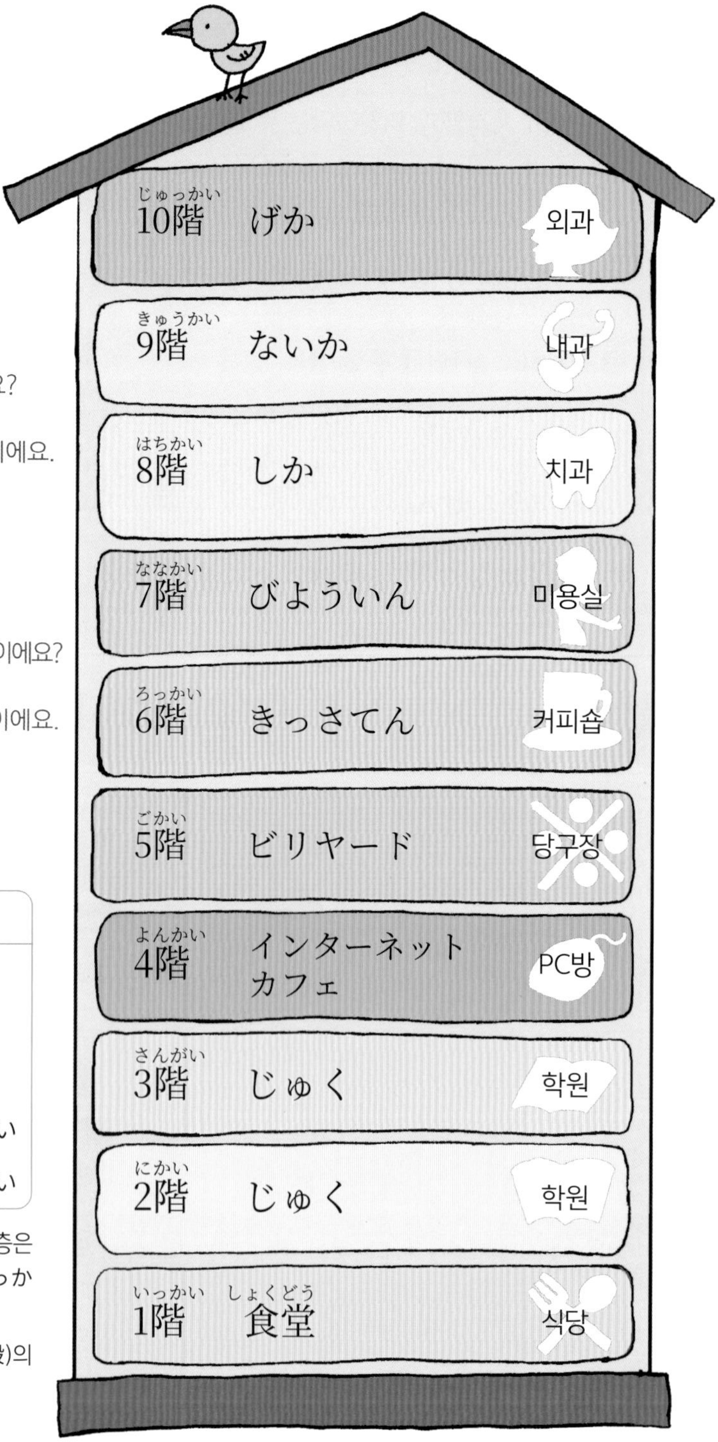

1

A : 1階(いっかい)は 何(なん)ですか。 1층은 뭐예요?

B : 1階(いっかい)は 食堂(しょくどう)です。 1층은 식당이에요.

2

A : しかは 何階(なんがい)ですか。 치과는 몇 층이에요?

B : しかは 8階(はちかい)です。 치과는 8층이에요.

숫자 1~10 + かい(층)			
1 いち	いっかい	6 ろく	ろっかい
2 に	にかい	7 なな	ななかい
3 さん	さんがい	8 はち	はちかい
4 よん	よんかい	9 きゅう	きゅうかい
5 ご	ごかい	10 じゅう	じゅっかい

▶ 10층은 「じゅっかい」 또는 「じっかい」, 몇 층은 「なんがい」라고 읽으므로 주의. 8층은 「はっかい」라고 읽기도 한다.

▶ '~층'이라고 할 때는 層을 쓰지 않고, 계단(階段)의 階자를 써서 「~かい」라고 읽는다.

듣기

Track 17

1 잘 듣고 맞는 그림을 고르세요.

1

①

②

③

④

2

①
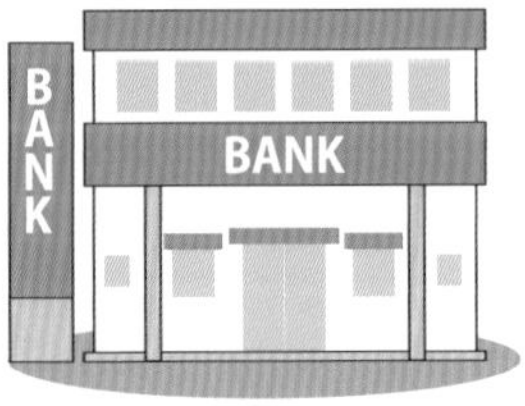

②
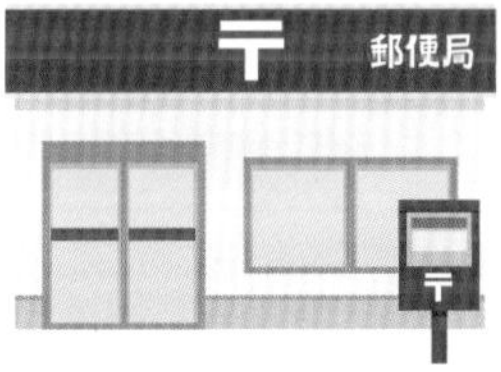

③

④

3

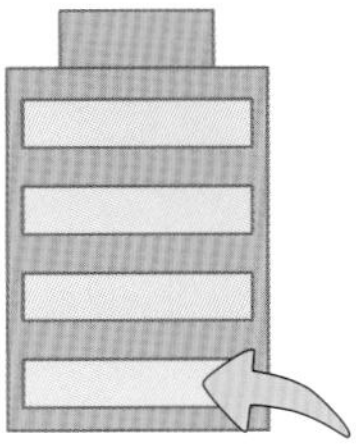
①

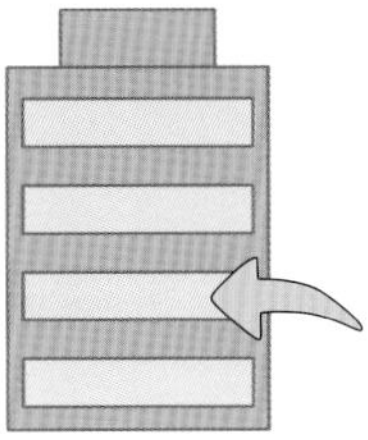
②

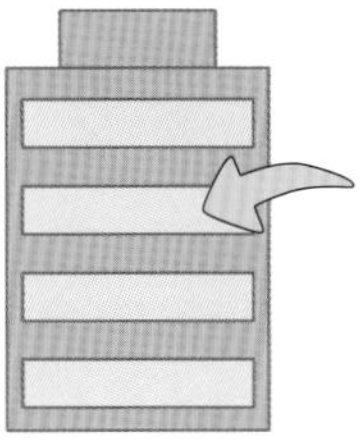
③

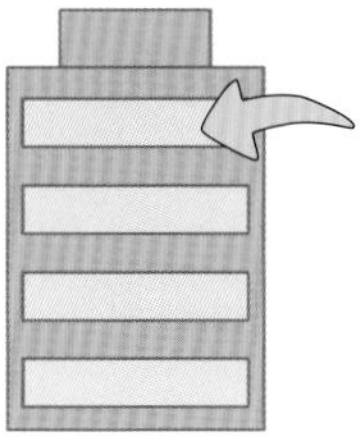
④

확인문제

1 그림을 보고 다음 질문에 답하세요.

❶ ここは どこですか。

________________________________。

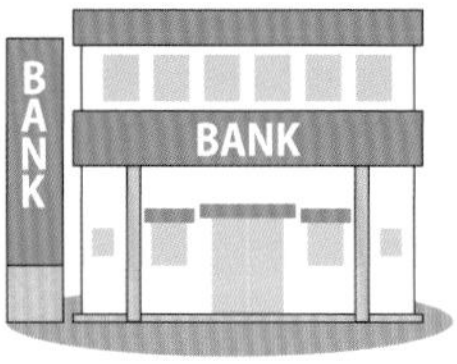

❷ ここは どこですか。

________________________________。

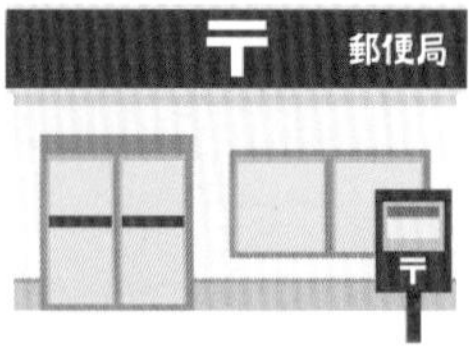

❸ ここは どこですか。

________________________________。

2 그림을 보고 다음 질문에 답하세요.

5階	ビリヤード
4階	インターネットカフェ
3階	きっさてん
2階	食堂(しょくどう)
1階	じゅく

❶ さんがいは 何(なん)ですか。

❷ ごかいは 何(なん)ですか。

❸ いっかいは 何(なん)ですか。

❹ 食堂(しょくどう)は 何階(なんがい)ですか。

❺ インターネットカフェは 何階(なんがい)ですか。

おもしろい
むかしばなし

네코다케

* 관광지로 유명한 일본 규슈 아소에 있는 산에 관한 이야기입니다. 이 산의 이름은 '네코다케'라고 하는데요, 이 산만 꼭대기가 울퉁불퉁합니다. 왜 이 산만 울퉁불퉁한지 그 이유를 알게 됩니다.

옛날 옛날, 아소산이 생길 때의 이야기입니다. 장남 '다카다케', 차남 '나카다케', 그리고 '에보시다케', 막내 '기시마다케' 네 형제는 사이가 좋았고, 아버지 아소대명신(阿蘇大明神)은 이를 자랑스러워했습니다. 어느 날, 다섯째 '네코다케'가 태어났습니다. 막내는 귀여움을 독차지했지만, 점점 욕심이 많아지고 제멋대로 행동했습니다. 아버지는 "볼일이 있어 잠시 떠난다. 어머니 말씀을 잘 들어야 한다. 가장 똑똑한 자가 빨리 자랄 게야."라는 말을 남기고 떠났습니다. 그러자 다카다케가 "어때? 누가 제일 높아지는지 내기하지 않을래? 아버지가 오시기 전에 훌륭한 산이 되어 있으면 기뻐하실 거야."라고 제안했습니다.

네코다케는 "그래, 좋아! 대신, 가장 높아진 자가 아소의 대장이 되는 거지?"라고 응했습니다. 며칠 후, 네코다케는 급격히 높아졌습니다. 에보시다케는 "저 네코다케가 어느 틈에 나보다 더 높아졌지?"라며 놀랐고, 나카다케는 화가 나서 머리에서 화염을 내뿜었습니다. 네코다케는 "내가 대장이다! 내가 대장이다!"라며 형들을 놀렸습니다.

사실 네코다케는 도깨비들에게 "내 키를 크게 만들어 줘. 내가 가장 커지면 아소의 대장이 되거든. 대장이 되면 너희는 마음껏 휩쓸고 다녀도 돼."라고 부탁했고, 도깨비들은 매일 밤 흙을 가져다 네코다케의 머리에 쌓았습니다. 형들은 이를 몰랐습니다. 아버지가 돌아와 하늘까지 솟아오른 네코다케를 보고 의아해하던 중, 도깨비들이 흙을 나르는 걸 발견했습니다. 대명신은 "이놈! 누가 마음대로 이런 짓을 하라고 했느냐!!"라며 크게 호통쳤고, 나뭇가지로 네코다케의 머리를 "탁!" 하고 내리쳤습니다. 네코다케는 눈물을 흘리며 용서를 빌었지만, 대명신은 그를 용서하지 않았습니다.

그 후, 급격히 자랐던 네코다케의 머리는 주저앉고 말았습니다. 에보시다케는 여전히 얌전했으며, 나머지 형들은 안도의 한숨을 내쉬었습니다. 도깨비들이 버린 흙은 '오기다케'라는 산이 되었고, 흙을 팠던 곳은 다케다 분지가 되었습니다. 오늘날에도 네코다케의 머리는 뾰족하고 울퉁불퉁하며, 아소산에서 가장 높은 곳에 있던 흙이 무너져내린 모습을 하고 있습니다.

unit 06 画面(がめん)が 大(おお)きいですね。

연희가 일본 휴대폰을 보면서 신타로에게 말을 건넵니다.

日本(にほん)の けいたい電話(でんわ)は 画面(がめん)が 大(おお)きいですね。

そうですか? 新(あたら)しい モデルは もっと 大(おお)きいですよ。

すごーい。ところで、日本(にほん)ではどんな けいたい電話(でんわ)が 人気(にんき)ですか。

デザインが かわいくて、小(ちい)さいものです。

韓国(かんこく)は どうですか。

韓国(かんこく)では 機能(きのう)が よくて 安(やす)い ものが 人気(にんき)です。

けいたい電話(でんわ)の 値段(ねだん)が 高(たか)いんですよ。

へぇ〜。日本(にほん)には 無料(むりょう)の けいたい電話(でんわ)も ありますよ。

いいなぁ〜、うらやましい。

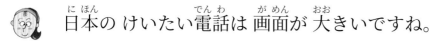

Track 18

이연희	일본 휴대폰은 화면(액정)이 크네요.
신타로	그래요? 새로운 모델은 더 커요.
이연희	대단하다~. 그런데, 일본에서는 어떤 휴대폰이 인기가 있어요?
신타로	디자인이 예쁘고 작은 거예요. 한국은 어때요?
이연희	한국에서는 기능이 좋고 싼 것이 인기예요. 휴대폰 가격이 비싸거든요.
신타로	그래요? 일본에는 공짜(로 주는) 휴대폰도 있는데요.
이연희	좋겠다~, 부럽네요.

単語

- 画面(がめん) 화면
- 大(おお)きい 크다
- 新(あたら)しい 새롭다
- モデル 모델
- もっと 더
- すごい 대단하다
- ところで 그런데
- どんな 어떤
- 人気(にんき) 인기
- デザイン 디자인
- かわいい 예쁘다
- 小(ちい)さい 작다
- もの 것(물건)
- どうですか 어때요?
- ～では ~에서는
- 機能(きのう) 기능
- よい(＝いい) 좋다
- 値段(ねだん) 가격
- 安(やす)い 싸다
- 高(たか)い 비싸다
- ～には ~에는
- 無料(むりょう) 무료, 공짜
- ～も ~도(조사)
- ありますよ 있어요
- うらやましい 부럽다

Track 19

다음 그림의 밑줄 친 부분을 바꾸어 말해 보세요.

画面(がめん)が 大(おお)きい 화면이 크다	機能(きのう)が いい 기능이 좋다
デザインが かわいい 디자인이 예쁘다	値段(ねだん)が 高(たか)い 가격이 비싸다

문법 패턴 익히기

1 イ형용사의 긍정문 ～です

일본어 형용사에는 イ형용사와 ナ형용사가 있는데, イ형용사란 기본형이 「い」로 끝나는 형용사를 말한다. 기본형을 그대로 말하면 반말이 되고, 기본형에 「です」를 붙이면 높임말이 된다.

• あの 部屋(へや)は ひろいです。	저 방은 넓습니다.	ひろい 넓다
• あの 部屋(へや)は せまいです。	저 방은 좁습니다.	せまい 좁다
• この けいたい電話(でんわ)は 高(たか)いです。	이 휴대폰은 비쌉니다.	たかい 비싸다
• この けいたい電話(でんわ)は 安(やす)いです。	이 휴대폰은 쌉니다.	やすい 싸다

2 イ형용사의 부정문 ～くないです=くありません

イ형용사의 부정문은 어미 「い」를 떼고 「～くないです」 또는 「～くありません」을 붙인다. 즉 イ형용사에 부정을 뜻하는 「ない」가 붙을 때는 어미 「い」가 「く」로 바뀐다.

せまい	좁다	→	**せまくない**	좁지 않다
せまいです	좁습니다	→	**せまくないです**	좁지 않습니다
		=	**せまくありません**	

• この 部屋(へや)は ひろくありません。	이 방은 넓지 않습니다.
• この 部屋(へや)は せまくないです。	이 방은 좁지 않습니다.
• この けいたい電話(でんわ)は 高(たか)くありません。	이 휴대폰은 비싸지 않습니다.
• この けいたい電話(でんわ)は 安(やす)くないです。	이 휴대폰은 싸지 않습니다.

▶ いい와 よい : 둘 다 '좋다'는 뜻으로 쓰는 말이지만, 활용할 때는 よい를 쓴다.
·いくない ×
·よくない ○

3 イ형용사의 의문문 ~ですか

의문문을 만들 때는 기본형에 「ですか」(~니까?)를 붙이면 된다.

A : あの 部屋(へや)は ひろいですか。 저 방은 넓습니까?

B1 : はい、あの 部屋(へや)は ひろいです。 네, 저 방은 넓습니다.

B2 : いいえ、あの 部屋(へや)は ひろくありません。 아뇨, 저 방은 넓지 않습니다.

ひろくないです。

4 イ형용사의 て형 ~て、~

'~하고, ~하다'라는 뜻으로 イ형용사를 나열할 때는 부정형과 마찬가지로, 어미 「い」를 「く」로 바꾼 다음, '~하고, 해서'의 뜻을 가진 「て」를 붙인다.

やさしい 싹싹하다 + かわいい 예쁘다 → やさしくて かわいい 싹싹하고 예쁘다

• ゆきさんは やさしくて かわいいです。 유키 씨는 싹싹하고 예쁩니다.

• この さいふは 古(ふる)くて きたないです。 이 지갑은 오래되고 더럽습니다.

5 イ형용사의 명사수식형

イ형용사는 기본형 그대로 뒤에 오는 명사를 꾸밀 수 있다.

やさしい 싹싹하다 + 人(ひと) 사람 → やさしい 人(ひと) 싹싹한 사람

新(あたら)しい 새롭다 + かばん 가방 → 新(あたら)しい かばん 새 가방

• ゆきさんは やさしい 人(ひと)です。 유키 씨는 싹싹한 사람입니다.

• これは 新(あたら)しい さいふです。 이건 새 지갑입니다.

자주 쓰는 イ형용사

よい/いい(좋다)　悪(わる)い(나쁘다)

長(なが)い(길다)　短(みじか)い(짧다)

高(たか)い(비싸다)　安(やす)い(싸다)

多(おお)い(많다)　少(すく)ない(적다)

せが 高(たか)い(키가 크다)　せが 低(ひく)い(키가 작다)

大(おお)きい(크다)　小(ちい)さい(작다)

新(あたら)しい(새롭다)　古(ふる)い(오래되다)

はやい(빠르다)　おそい(느리다)

とおい(멀다)　ちかい(가깝다)

ひろい(넓다)　せまい(좁다)

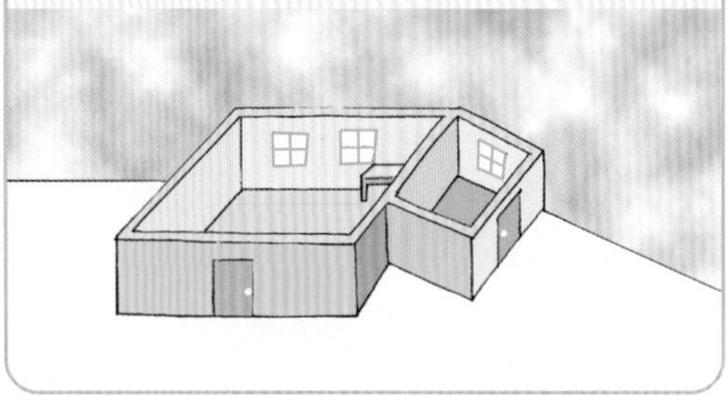

おいしい(맛있다)　まずい(맛없다)

あまい(달다)　すっぱい(시다)

からい(맵다)　にがい(쓰다)　しおからい(짜다)

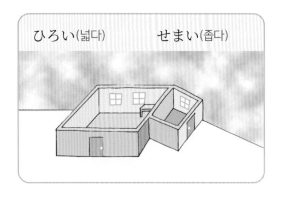

그밖에 자주 쓰는 イ형용사

·いそがしい	바쁘다	·つめたい	차갑다
·やさしい	싹싹하다	·あたたかい	따뜻하다
·かわいい	예쁘다	·すずしい	시원하다
·うらやましい	부럽다	·あつい	덥다
·さびしい	쓸쓸하다	·さむい	춥다

말하기

どんな …ですか。 다음 단어를 이용하여 예와 같이 연습해 보세요.

1 예 A : へびは どんな どうぶつですか。
뱀은 어떤 동물입니까?

B : へびは ながくて ほそい どうぶつです。
뱀은 길고, 가는 동물입니다.

へび(뱀) / どうぶつ(동물) / ながい(길다) / ほそい(가늘다)

---

2 A : アイスクリームは どんな たべものですか。
아이스크림은 어떤 음식입니까?

B : アイスクリームは ______________________________。
아이스크림은 달고 차가운 음식입니다.

アイスクリーム(아이스크림) / たべもの(음식) / あまい(달다) / つめたい(차갑다)

---

3 A : 金さんは どんな 人(ひと)ですか。
김상은 어떤 사람입니까?

B : 金さんは ______________________________。
김상은 키가 크고 싹싹한 사람입니다.

人(ひと)(사람) / せが たかい(키가 크다) / やさしい(싹싹하다)

---

4 A : 中国(ちゅうごく)は どんな くにですか。
중국은 어떤 나라입니까?

B : 中国(ちゅうごく)は ______________________________。
중국은 크고 인구가 많은 나라입니다.

中国(ちゅうごく)(중국) / くに(나라) / おおきい(크다) / じんこうが おおい(인구가 많다)

듣기

Track 20

1 에리코 씨는 어떤 사람일까요? 잘 듣고 맞는 것을 고르세요.

❶

❷

❸

❹

2 남자의 가방은 어떤 것일까요? 잘 듣고 맞는 것을 고르세요.

❶

❷
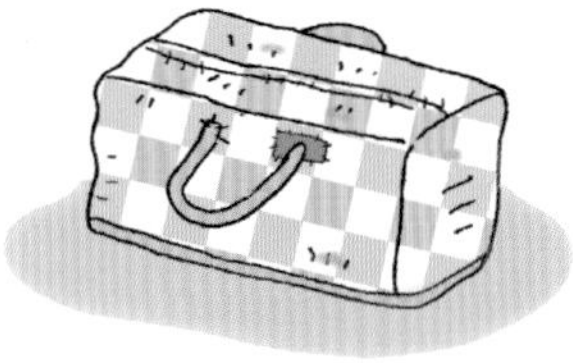
❸

❹

単語

· かみ 머리(머리카락)
· せが たかい 키가 크다
· スカート 치마

확인문제

1 다음 그림과 관련된 단어를 연결하고 문장을 만들어 보세요.

a　　b　　c　　d

おおきい　　たかい　　ながい　　いそがしい

単語
・め 눈

a 金さんは ＿せ＿ が ＿たかい＿ です。

b 金さんは ＿＿＿＿ が ＿＿＿＿＿ です。

c 金さんは ＿＿＿＿ が ＿＿＿＿＿ です。

d 金さんは ＿＿＿＿＿＿＿＿ です。

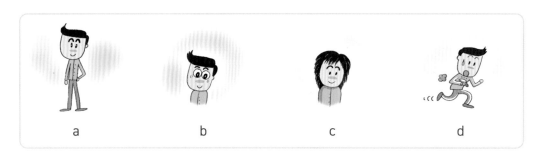

2 다음 긍정문을 부정형으로 바꾸세요.

❶ この さいふは 高(たか)いです。

→ 。

❷ コーヒー(커피)は にがいです。

→ 。

❸ この かばんは 新(あたら)しいです。

→ 。

❹ 韓国(かんこく)の たべものは おいしいです。

→ 。

❺ 金さんは いそがしいです。

→ 。

unit 07 どんな たべものが すきですか。

식당에서

しんたろうさんは どんな たべものが すきですか。

私(わたし)は 肉(にく)りょうりが すきです。

これ おいしそうですね。何(なん)ですか。

ああ、それは プルコギ定食(ていしょく)です。

じゃあ、私は これに します。ヨンヒさんは?

私は たこの いためものに します。

辛(から)く ありませんか。

はい、大丈夫(だいじょうぶ)です。辛(から)いのが だいすきです。

でも、真(ま)っ赤(か)ですよ。私は にがてだなあ。

すみません。プルコギ定食(ていしょく)と たこの いためものを 下(くだ)さい。

Track 21

이연희	신타로 씨는 어떤 음식을 좋아해요?	
신타로	난 고기요리를 좋아해요. 이거 맛있겠네요. 뭐죠?	
이연희	아아, 그건 불고기정식이에요.	
신타로	그럼 나는 이걸로 할게요. 연희 씨는?	
이연희	나는 낙지볶음으로 할게요.	
신타로	안 매워요?	
이연희	네, 괜찮아요. 매운 걸 무지 좋아하거든요.	
신타로	그래도 새빨간데요. 나는 잘 못 먹겠는데...	
이연희	여기요. 불고기정식하고 낙지볶음 주세요.	

単語

· どんな 어떤
· たべもの 음식
· すきだ 좋아하다
· 肉(にく)りょうり 고기요리
· おいしそう 맛있겠다
· プルコギ 불고기
· 定食(ていしょく) 정식
· じゃあ 그럼
· ～にします ～로 하겠습니다
· たこのいためもの 낙지 볶음
· 辛(から)い 맵다
· 大丈夫(だいじょうぶ)だ 괜찮다
· 辛(から)いの 매운 것
· だいすきだ 아주 좋아하다
· でも 그러나, 하지만
· 真(ま)っ赤(か) 새빨갛다
· にがてだ 잘 못하다, 서투르다
· ～と ～와/과(조사)
· ～を ～을/를(조사)
· 下(くだ)さい 주세요

Track 22

다음 그림의 밑줄 친 부분을 바꾸어 말해 보세요.

どんな たべものが すきですか。
어떤 음식을 좋아해요?

私は すしが すきです。
난 초밥을 좋아해요.

私は すしは すきでは ありません。
난 초밥은 안 좋아해요.

すし
초밥

うどん
우동

すきやき
전골

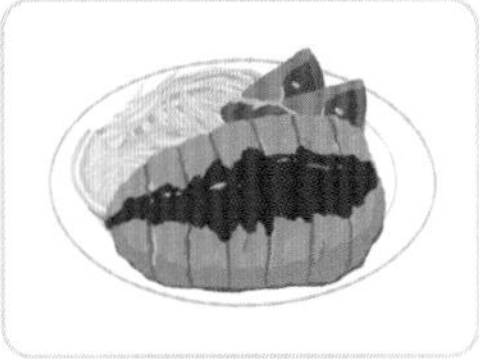

とんかつ
돈까스

문법 패턴 익히기

1 ナ형용사의 긍정문 ～です

ナ형용사란 뒤에 오는 명사를 꾸밀 때 な형태로 꾸미는 형용사를 말한다. 사전에는 「―だ」가 붙어 있지 않지만, 편의상 끝에 「だ」가 붙은 형태를 기본형으로 부르기로 한다. 기본형의 「だ」를 떼고 「です」를 붙이면 높임말이 된다.

사전형	기본형				
すき	すきだ	좋아하다	→	すきです	좋아합니다
きらい	きらいだ	싫어하다	→	きらいです	싫어합니다
とくい	とくいだ	자신있다	→	とくいです	자신있습니다
にがて	にがてだ	자신없다	→	にがてです	잘 못합니다

- すしは すきです。 초밥은 좋아합니다.
- うどんは きらいです。 우동은 싫어합니다.
- スポーツは とくいです。 운동은 잘합니다.
- 料理(りょうり)は にがてです。 요리는 잘 못합니다.

単語
- スポーツ 운동
- 料理(りょうり) 요리

2 ナ형용사의 부정문 ～ではありません＝ではないです

ナ형용사의 부정문은 기본형의 「だ」를 떼고 「～では ありません」 또는 「～では ないです」를 붙인다. 「～では」는 회화체에서는 「～じゃ」로 발음하는 경우가 많다.

すきです 좋아합니다	→	**すきではないです**	**すきじゃないです**	좋아하지 않습니다.
	→	**すきではありません**	**すきじゃありません**	

- うどんは すきでは ありません。 우동은 좋아하지 않습니다.
- すしは きらいじゃ ありません。 초밥은 싫어하지 않습니다.
- 料理(りょうり)は とくいでは ありません。 요리는 잘하지 못합니다.
- スポーツは にがてじゃ ないです。 운동은 잘 못하지 않습니다. → 좀 합니다.

3 ナ형용사의 의문문 ~ですか

의문문을 만들 때는 기본형의 「だ」를 떼고 「ですか」를 붙이면 된다.

A : 料理(りょうり)は とくいですか。　　요리는 잘합니까?

B1 : はい、とくいです。　　네, 잘합니다.

B2 : いいえ、とくいでは ありません。にがてです。

아뇨, 잘하지 않습니다. 잘 못합니다.

4 자주 쓰는 회화 표현

❶ これに します 이걸로 하겠습니다.

주문할 것을 결정할 때 쓰는 말. 「に」는 '~로', 「します」는 '하겠습니다'란 뜻.

A : なにに しますか?　　뭘로 할래요? (なに = なん : 무엇)

B : これに します。　　이걸로 할게요.

❷ おいしそうですね 맛있겠네요.

음식을 보고 맛있어 보인다고 할 때 쓰는 말이다.
반말은 「おいしそう」(맛있겠다~!).

▶ おいしそうですね는 おいしい(맛있다)에 そうだ(~할 것 같다)가 붙은 것.

❸ にがてだなあ 자신없는 걸...(못하는데...)

「な」는 여러 뜻이 있는데, 감탄이나 소망, 느낌 등을 나타내는 말로 주로 혼잣말에 쓰인다. 「なあ」는 「な」를 길게 발음한 것.

- いいなあ。　　좋겠다~. / 좋다~.
- かわいいなあ。　　예쁘다~.

자주 쓰는 ナ형용사

すきだ(좋아하다)　きらいだ(싫어하다)

じょうずだ(잘하다)　へただ(잘 못하다)

べんりだ(편리하다)　ふべんだ(불편하다)

しずかだ(조용하다)　にぎやかだ(붐비다)

らくだ(편하다)　たいへんだ(힘들다)

とくいだ(잘하다)　にがてだ(잘 못하다)

かんたんだ(간단하다)　ふくざつだ(복잡하다)

きれいだ(예쁘다)　ひまだ(한가하다)

색깔 이름 どんな いろが すきですか。 어떤 색을 좋아해요?

あかいろ	빨간색	くろいろ	검정색
きいろ	노란색	みどりいろ	녹색
あおいろ	파란색	むらさきいろ	보라색
ちゃいろ	갈색	ピンクいろ	분홍색
オレンジいろ	주황색	カーキいろ	카키색
ベージュいろ	베이지색	しろいろ	흰색
きんいろ	금색	ぎんいろ	은색

말하기

なにに しますか。 뭘로 할래요? 다음 대화처럼 음식을 주문해 보세요.

メニュー

すし

うどん

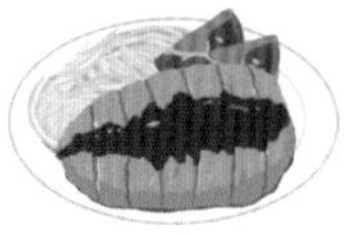
とんかつ

すきやき

そば

ぎゅうどん

てんどん

かつどん

てんぷら

やきそば

店員(てんいん)：いらっしゃいませ。	어서 오세요.
ご注文(ちゅうもん) よろしいですか。	주문하시겠어요?
お客(きゃく)：うどんと てんどんを ください。	우동하고 튀김덮밥 주세요.
店員(てんいん)：かしこまりました。	알겠습니다.
少々(しょうしょう) おまちください。	잠시만 기다려 주십시오.
店員(てんいん)：おまたせしました。	음식 나왔습니다.

単語
- そば 메밀국수
- ぎゅうどん 쇠고기덮밥
- てんどん 튀김덮밥
- かつどん 돈까스덮밥
- てんぷら 튀김
- やきそば 볶음면

듣기

Track 23

1 잘 듣고 반대가 되는 내용의 그림을 고르세요.

❶

a b c d

❷

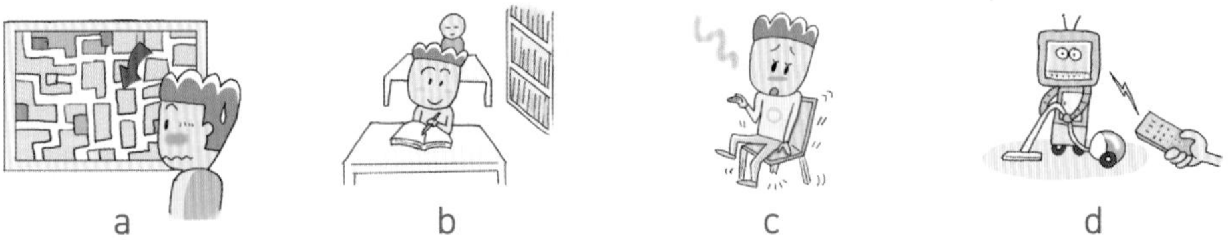

a b c d

❸

a b c d

2 대화를 듣고, 대화의 내용과 맞는 것에 ✔ 하세요.

❶ 여자는 초밥을 좋아한다.

❷ 남자도 초밥을 좋아한다.

❸ 남자는 전골(스키야키)을 좋아한다.

❹ 여자는 초밥도 전골도 좋아하지 않는다.

❺ 둘 다 전골을 좋아한다.

単語

・も ~도(조사)

확인문제

1 주어진 단어를 이용하여 예와 같이 말해 보세요.

예 階段(계단) / たいへんだ(힘들다) → 階段は たいへんです。

❶ はな(꽃) / きれいだ → ______。

❷ スポーツ / にがてだ → ______。

❸ 図書館(도서관) / しずかだ → ______。

❹ この 問題(문제) / ふくざつだ → ______。

❺ うた(노래) / じょうずだ → ______。

2 긍정문은 부정문으로, 부정문은 긍정문으로 바꾸세요.

예 さくら(벚꽃)は きれいです。 → さくらは きれいでは ありません。

❶ 図書館は にぎやかです。 → ______。

❷ あの 人は うたが じょうずです。 → ______。

❸ 料理は じょうずです。 → ______。

❹ すしは きらいでは ありません。 → ______。

❺ 私は ひまでは ありません。 → ______。

3 다음 질문에 답하세요.

예 スポーツは とくいですか。 → はい、スポーツは とくいです。

❶ 料理(りょうり)は じょうずですか。 → はい、______________。

❷ 料理(りょうり)は かんたんですか。 → いいえ、______________。

❸ 階段(かいだん)は たいへんですか。 → いいえ、______________。

❹ すしは すきですか。 → はい、______________。

❺ この 問題(もんだい)は むずかしいですか。 → いいえ、______________。

07

単語

- 階段(かいだん) 계단
- はな 꽃
- 図書館(としょかん) 도서관
- 問題(もんだい) 문제
- うた 노래
- さくら 벚꽃

unit 08

いくらですか。

장보러 온 신타로. 모자를 사려고 하고 있습니다.

すみません。この ぼうしは いくらですか。

それは 2,000えんです。

では、あの あおいろの ぼうしは いくらですか。

2,500えんです。よく 売(う)れていますよ。

う～ん、ふたつとも いいなぁ。どっちに しようかな。

ふたつとも おにあいですよ。

少(すこ)し まけて ください。

わかりました。じゃあ、ふたつで 4,000えんで どうですか。

やったぁ～、ありがとうございます。

물건을 사고팔 때 쓰는 표현

· よく 売(う)れていますよ	잘 팔립니다
· どっちに しよかな	어떤 걸 하지?(혼잣말)
· おにあいですよ	잘 어울리세요
· まけて ください	(가격)깎아 주세요
· ～で どうですか	～로(하면) 어때요?

신타로　여기요. 이 모자는 얼마예요?
점원　그건 2,000엔이에요.
신타로　그럼, 저 파란 색 모자는 얼마예요?
점원　2,500엔이에요. 잘 나가요.
신타로　음~ 둘 다 좋은데...
어느 쪽으로 할까...
점원　둘 다 잘 어울리세요.
신타로　좀 깎아 주세요.
점원　알겠습니다. 그럼 두 개 4,000엔으로 어떻습니까?
신타로　야호. 고맙습니다.

単語

· ぼうし 모자
· いくら 얼마
· 円(えん) 엔(일본 화폐단위)
· う～ん 음(망설일 때)
· ふたつとも 둘 다
· どっち(=どちら) 어느 쪽
· 少(すこ)し 조금
· ふたつで 두 개에
· どうですか 어때요?

Track 24

다음 그림의 밑줄 친 부분을 바꾸어 말해 보세요.

Track 25

ほんは いくらですか。
책은 얼마예요?

200(にひゃく)えんです。
200엔입니다.

じゃあ、ひとつください。
그럼, 하나 주세요.

ほん
책

にんぎょう
인형

とけい
시계

かばん
가방

문법 패턴 익히기

1 いくらですか 얼마예요?

금액을 물을 때 쓰는 말이다. 일본 돈의 단위는 「円(えん)」, '원'은 「ウォン」, '달러'는 「ドル」라고 한다.

A : これは いくらですか。 이건 얼마예요?

B : それは 2,000えんです。 그건 2,000엔입니다.

A : あれは いくらですか。 저건 얼마예요?

B : あれは ひとつ 1,000えんです。 저건 하나 1,000엔이에요.

2 갯수 헤아리기

一つ	ひとつ	하나	六つ	むっつ	여섯
二つ	ふたつ	둘	七つ	ななつ	일곱
三つ	みっつ	셋	八つ	やっつ	여덟
四つ	よっつ	넷	九つ	ここのつ	아홉
五つ	いつつ	다섯	十	とお	열

11 이상은 じゅういち, じゅうに와 같이 읽는다. ひとつ, ふたつ…로 읽는 것을 「和数詞(わすうし)」라 하고, いち, に, さん으로 읽는 것을 「漢数詞(かんすうし)」라고 한다.

'몇 개예요?'는 「いくつですか」 또는 「なんこですか」라고 한다.

3 유용한 표현

❶ いらっしゃいませ 어서 오세요.

가게에서 쓰는 말이다. 비슷한 말 「いらっしゃい」는 집에 찾아온 사람에게 쓰는 말로, 어른이 아이에게 또는 친한 사람한테 쓰는 말이다.

❷ どうですか 어떠세요?

다양한 장면에서 쓸 수 있는 편리한 말이다. 「～で どうですか」는 '～로(하면) 어떻습니까?'하고 의향을 묻는 말이다.

·これは どうですか。 이건 어때요?

❸ まけて ください 깎아 주세요

일본은 보통 정찰제지만, 이케부쿠로나 우에노시장과 같이 외국인이 많이 가는 곳에서는 가격흥정이 가능한 곳도 있다. 「やすくしてください」라고도 한다.

4 금액 읽기

1 いち	10 じゅう	100 ひゃく	1000 せん	10000 いちまん
2 に	20 にじゅう	200 にひゃく	2000 にせん	20000 にまん
3 さん	30 さんじゅう	300 さんびゃく	3000 さんぜん	30000 さんまん
4 よん/し	40 よんじゅう	400 よんひゃく	4000 よんせん	40000 よんまん
5 ご	50 ごじゅう	500 ごひゃく	5000 ごせん	50000 ごまん
6 ろく	60 ろくじゅう	600 ろっぴゃく	6000 ろくせん	60000 ろくまん
7 なな/しち	70 ななじゅう	700 ななひゃく	7000 ななせん	70000 ななまん
8 はち	80 はちじゅう	800 はっぴゃく	8000 はっせん	80000 はちまん
9 きゅう/く	90 きゅうじゅう	900 きゅうひゃく	9000 きゅうせん	90000 きゅうまん

말하기

いくらですか。 그림을 보고 얼마인지 빈칸에 히라가나로 금액을 쓰고 말해 보세요.

1

5,000 1,000
500 100 100
50 10 5

______円

2

500 100 100
50 10 10
5 1 1

______円

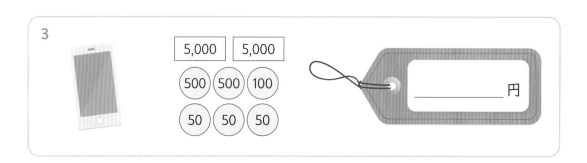

3

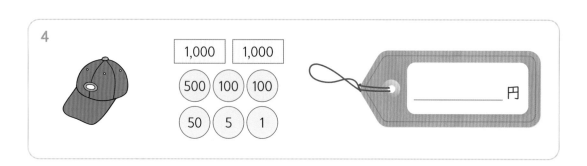

5,000 5,000
500 500 100
50 50 50

______円

4

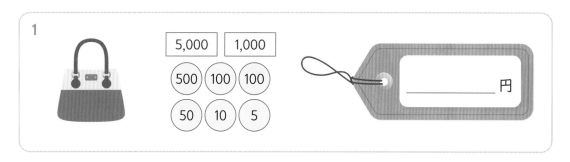

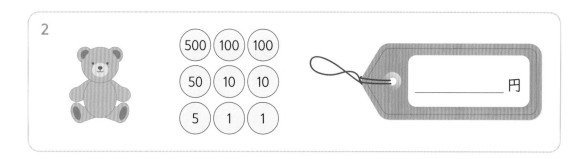

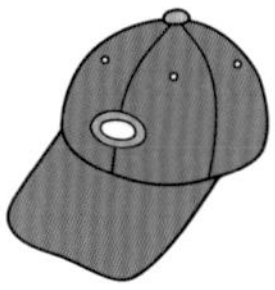

1,000 1,000
500 100 100
50 5 1

______円

듣기

Track 26

1 잘 듣고 숫자를 바르게 쓰세요.

❶ (　　　　　　　)　　　❷ (　　　　　　　)　　　❸ (　　　　　　　)

2 잘 듣고 유코 씨가 산 가방은 어떤 것인지 고르세요.

❶　　　❷　　　❸　　　❹

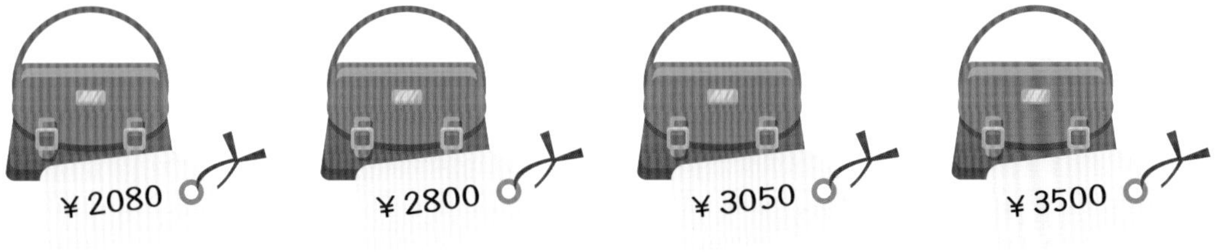

3 잘 듣고 구입한 물건 만큼 ✔ 하세요.

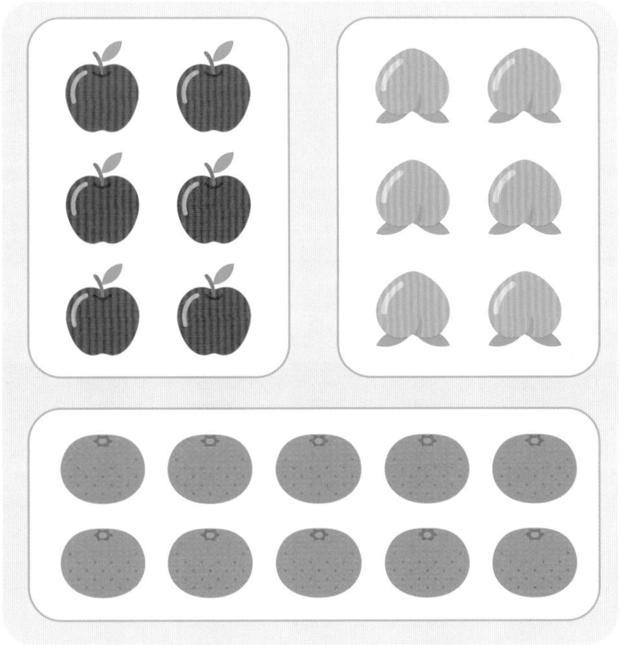

単語

- みかん 밀감
- りんご 사과
- もも 복숭아

확인문제

1 다음 그림을 보고 예와 같이 빈칸에 들어갈 말을 히라가나로 써 넣으세요.

1 

예
この りんごは (ひとつ) 120えんです。

2 

この りんごは (　　　) で 300えんです。

3 

この パイナップルは ひとつ (　　　　　) えんです。
파인애플

4 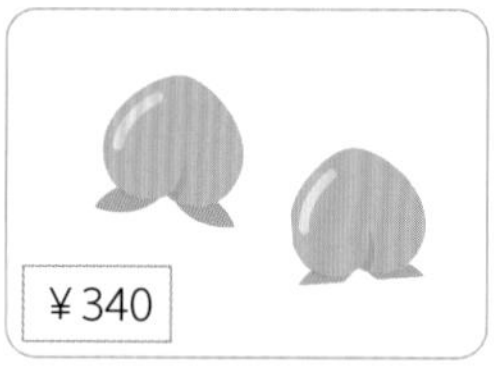

この ももは (　　　)で (　　　　　　)えんです。

5 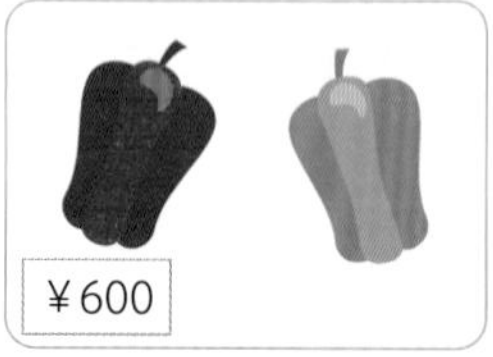

この ピーマンは (　　　)で (　　　　　　)えんです。
피망

6 

この りんごは (　　　)で 800えんです。

2 다음 금액을 읽으세요.

1 ¥1,400

A：いくらですか。

B：これは＿＿＿＿＿＿＿＿えんです。

2 ¥2,700

A：いくらですか。

B：これは＿＿＿＿＿＿＿＿えんです。

3 ¥3,500

A：いくらですか。

B：これは＿＿＿＿＿＿＿＿えんです。

4 ¥145,800

A：いくらですか。

B：これは＿＿＿＿＿＿えんです。

5 ¥6,800

A：いくらですか。

B：これは＿＿＿＿＿＿＿＿えんです。

6 ¥8,900

A：いくらですか。

B：これは＿＿＿＿＿＿＿＿えんです。

unit 09

おたん生日(じょうび)は いつですか。

오늘은 3월 6일, 박중태 씨의 생일입니다.

ごはんですよ。

あれ、今日(きょう)は わかめスープですか。

ええ、今日(きょう)は パクさんの おたん生日(じょうび)ですよ。

パクさん、おいくつですか。

２５歳(にじゅうごさい)です。しんたろうくんの おたん生日(じょうび)は いつですか。

私も 3月生(さんがつう)まれですよ。14日(じゅうよっか)、来週(らいしゅう)の 木曜日(もくようび)です。

ジョンくんは?

私は １2月 ２５ 日(じゅうにがつにじゅうごにち)、クリスマスです。

しんたろうくんが 3月14日(さんがつじゅうよっか)で、ジョンくんがクリスマスですね。

パクさん、本当(ほんとう)に おめでとうございます。

かんぱーい!!

아줌마	식사요.
신타로	어! 오늘은 미역국이에요?
아줌마	네, 오늘은 박중태 씨 생일이에요.
신타로	박중태 씨, 올해 몇 살이에요?
박중태	25살이에요. 신타로 군의 생일은 언제죠?
신타로	나도 3월생이에요. 14일, 다음주 목요일요.
박중태	존 씨는요?
존	나는 12월 25일 크리스마스예요.
박중태	신타로 군이 3월 14일이고, 존 군이 크리스마스네요.
신타로	박중태 씨, 정말 축하해요.
다 같이	건배~!!

単語

- ごはん 식사(밥)
- 今日(きょう) 오늘
- わかめスープ 미역국
- おたん生日(じょうび) 생일
- おいくつですか 몇 살이에요?
- ～さい ~세, ~살
- 3月(さんがつ) 3월
- 生(う)まれ ~태생
- いつ 언제
- ～月(がつ)～日(にち) ~월 ~일
- 木曜日(もくようび) 목요일
- クリスマス 크리스마스
- 本当(ほんとう)に 정말로
- かんぱい 건배

Track 27

09

다음 그림의 밑줄 친 부분을 바꾸어 말해 보세요.

Track 28

おいくつですか。
몇 살이에요?

じゅうななさいです。
17살이에요.

▶ さい(歳:~살)를 빼고 じゅうななです처럼 숫자만 말하기도 한다.

17
(じゅうなな)

24
(にじゅうよん)

36
(さんじゅうろく)

19
(じゅうきゅう)

문법 패턴 익히기

1 때를 나타내는 말

그저께	おととい	어제	昨日 きのう	오늘	今日 きょう	내일	明日 あした	내일모레	あさって
지지난주	先々週 せんせんしゅう	지난주	先週 せんしゅう	이번주	今週 こんしゅう	다음주	来週 らいしゅう	다다음주	さ来週 さらいしゅう
지지난달	先々月 せんせんげつ	지난달	先月 せんげつ	이번달	今月 こんげつ	다음달	来月 らいげつ	다다음달	さ来月 さらいげつ
재작년	おととし	작년	昨年 さくねん	올해	今年 ことし	다음해	来年 らいねん	다다음해	さ来年 さらいねん

▶ 々는 같은 한자가 반복될 때 쓰는 기호.

月曜日	火曜日	水曜日	木曜日	金曜日	土曜日	日曜日
げつようび	かようび	すいようび	もくようび	きんようび	どようび	にちようび

1月 いちがつ	2月 にがつ	3月 さんがつ	4月 しがつ	5月 ごがつ	6月 ろくがつ
7月 しちがつ	8月 はちがつ	9月 くがつ	10月 じゅうがつ	11月 じゅういちがつ	12月 じゅうにがつ

1日	ついたち	11日	じゅういちにち	21日	にじゅういちにち
2日	ふつか	12日	じゅうににち	22日	にじゅうににち
3日	みっか	13日	じゅうさんにち	23日	にじゅうさんにち
4日	よっか	14日	じゅうよっか	24日	にじゅうよっか
5日	いつか	15日	じゅうごにち	25日	にじゅうごにち
6日	むいか	16日	じゅうろくにち	26日	にじゅうろくにち
7日	なのか	17日	じゅうしちにち	27日	にじゅうしちにち
8日	ようか	18日	じゅうはちにち	28日	にじゅうはちにち
9日	ここのか	19日	じゅうくにち	29日	にじゅうくにち
10日	とおか	20日	はつか	30日	さんじゅうにち

2 いつですか 언제예요?

A: たん生日(じょうび)は いつですか。　생일은 언제예요?

B: 5月(ごがつ) 6日(むいか)です。　5월 6일입니다.

A: 試験(しけん)は いつですか。　시험은 언제입니까?

B: 来週(らいしゅう)の 火曜日(かようび)です。　다음주 화요일입니다.

3 ～は ～で、(～は) ～です ~은 ~이고, (~은) ~입니다

여기서 「で」는 '~이고'의 뜻으로 명사문의 중지형 용법으로 쓰였다.

- 4月(しがつ)は 春(はる)で、１２月(じゅうにがつ)は 冬(ふゆ)です。
  4월은 봄이고, 12월은 겨울입니다.
- ここが 郵便局(ゆうびんきょく)で、あそこが 銀行(ぎんこう)です。
  여기가 우체국이고, 저기가 은행입니다.

単語

- 試験(しけん) 시험
- 春(はる) 봄
- 冬(ふゆ) 겨울

4 유용한 표현

❶ **ごはんですよ**　밥이에요. / 식사하세요.

「ごはん」은 밥이란 뜻으로 '아침밥'은 「あさごはん」, '점심밥'은 「ひるごはん」, '저녁밥'은 「ゆうごはん」이라고 한다.

❷ **おめでとうございます**　축하합니다.

생일축하뿐만 아니라, 신년축하인사도 「あけまして おめでとうございます」(새해복 많이 받으세요.)라고 한다.

❸ **かんぱい!**　건배! (위하여!)

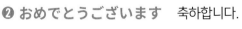

술자리에서 건배할 때 하는 말. '원샷'은 「いっきのみ」(단숨에 마심) 또는 짧게 「いっき」라고도 한다.

말하기

あなたの たんじょうびは いつですか。생일이 언제입니까?

1

わたしの たんじょうびは はちがつここのかです。

2

わたしの たんじょうびは ____________________です。

3

わたしの たんじょうびは ____________________です。

4

わたしの たんじょうびは ____________________です。

듣기

Track 29

1 유코의 생일은 며칠입니까? 다음 대화를 듣고 그 번호를 쓰세요.

日	月	火	水	木	金	土
1	① 2	3	4	5	6	② 7
8	9	③ 10	11	12	13	14
15	16	17	18	19	④ 20	21
22	23	24	25	26	27	28
29	30	31				

답 :

2 다음 주 금요일은 며칠입니까? 잘 듣고 맞는 것을 고르세요.

1 13日　　2 14日

3 15日　　4 16日

4 27日

09

확인문제

1 다음 표를 완성하세요.

日	月	火	水	木	金	土
		1 ついたち	2 ①	3 みっか	4 よっか	5 ②
6 むいか	7 なのか	8 ③	9 ここのか	10 ④	11 じゅういちにち	12 じゅうににち
13 じゅうさんにち	14 ⑤	15 じゅうごにち	16 じゅうろくにち	17 ⑥	18 じゅうはちにち	19 ⑦
20 ⑧	21 にじゅういちにち	22 にじゅうににち	23 にじゅうさんにち	24 ⑨	25 にじゅうごにち	26 ⑩
27 にじゅうしちにち	28 ⑪	29 にじゅうくにち	30 さんじゅうにち	31 ⑫		

❶ 2日：ふつか

❷

❸

❹

❺

❻

❼

❽

❾

❿

⓫

⓬

2 다음 달력을 보면서 질문에 대답하세요.

5月

SUN	MON	TUE	WED	THU	FRI	SAT
						1
2	3 きょう	4	5	6	7	8
9	10	11	12	13	14	15
16	17	18 ゆうこさんの たんじょうび	19	20	21	22 金さんの たんじょうび
23/30	24/31	25	26	27	28	29

예 今日(きょう)は 何曜日(なんようび)ですか。 → 今日は 月曜日(げつようび)です。

❶ 今月(こんげつ)は 何月(なんがつ)ですか。 ______________________

❷ あさっては 何月(なんがつ) 何日(なんにち)ですか。 ______________________

❸ 来週(らいしゅう)の 火曜日(かようび)は 何月(なんがつ) 何日(なんにち)ですか。 ______________________

❹ ゆうこさんの たん生日(じょうび)は いつですか。 ______________________

❺ さ来週(らいしゅう)の 土曜日(どようび)は 何(なん)ですか。 ______________________

unit 10

あっ、写真(しゃしん)が ある!!

신타로 가족사진을 발견한 연희.

あっ、写真(しゃしん)が ある!! しんたろうさんのですか。

はい。これが お父(とう)さんで、これが お母(かあ)さん。

しんたろうさんの となりに いる 人(ひと)は?

妹(いもうと)です。

うわぁ～ かわいい。弟(おとうと)さんは いませんか。

弟(おとうと)は いません。私(わたし)と 妹(いもうと)の 二人(ふたり) 兄弟(きょうだい)です。

それと、こっちの 写真(しゃしん)には おじいちゃんと おばあちゃん。

おじいちゃんと おばあちゃんは いなかに います。

Track 30

이연희	어, 사진이 있네요. 신타로 씨 거예요?
신타로	네, 이게 아빠고, 이게 엄마예요.
이연희	신타로 씨 옆에 있는 사람은요?
신타로	여동생이에요.
이연희	우와~ 이쁘다. 남동생은 없어요?
신타로	남동생은 없어요. 저하고 여동생 두 남매예요. 그리고 이쪽 사진에는 할아버지와 할머니. 할아버지와 할머니는 시골에 계세요.

- 자기 가족을 소개할 때, 격식을 갖추어야 하는 장면에서는 자기 아버지는 「父(ちち)」, 자기 어머니는 「母(はは)」, 자기 할아버지는 「祖父(そふ)」, 자기 할머니는 「祖母(そぼ)」라고 한다.
- 형제는 「兄弟(きょうだい)」, 자매는 「姉妹(しまい)」라고 한다. 단, 남자여자가 섞여 있는 경우는 '남매'라는 말은 따로 없고, 「兄弟(きょうだい)」라고 한다.

単語

- 写真(しゃしん) 사진
- ある 있다(사물)
- お父(とう)さん 아버지
- お母(かあ)さん 어머니
- となり 옆
- いる 있다(사람, 동물)
- 妹(いもうと) 여동생
- 弟(おとうと) 남동생
- いない 없다(사람, 동물)
- ～と ~하고, ~와
- 兄弟(きょうだい) 형제
- ～には ~에는
- それと 그리고(회화체)
- おじいちゃん 할아버지
- おばあちゃん 할머니
- いなか 시골
- ～に ~에(조사)

다음 그림의 밑줄 친 부분을 바꾸어 말해 보세요.

Track 31

なんにんかぞくですか。
가족이 몇 명이에요?
さんにんかぞくです。
3인가족이에요.

単語

- 何人(なんにん) 몇 사람
- かぞく 가족

3人
(さんにん)

4人
(よにん)

5人
(ごにん)

7人
(しちにん)

문법 패턴 익히기

1 ある ありますいます 있습니다 / ありません 없습니다

'있다'는 뜻의 일본어는 「ある」와 「いる」가 있는데, 「ある」는 사물이나 식물에 쓴다. 반대말은 「ない」(없다).
동사의 기본형은 끝음이 모두 [우]음으로 끝나고, 기본형(사전형)으로 뒤에 오는 명사를 꾸밀 수도 있다.

- あそこに 学校(がっこう)が ある/ない。 저기에 학교가 있다/없다.
- 公園(こうえん)に 大(おお)きい 木(き)が あります。 공원에 큰 나무가 있습니다.

- テーブルの 上(うえ)に みかんが あります。 테이블 위에 귤이 있습니다.
- テーブルの 上(うえ)には なにも ありません。 테이블 위에는 아무것도 없습니다.

조사 「に」는 '~에' 란 뜻으로, 여기서는 사물의 존재 장소를 나타낸다.

2 いる います 있습니다 / いません 없습니다

「ある」와 마찬가지로 '있다'는 뜻이지만, 「いる」는 사람이나 동물에 쓴다. 「いる」의 반대말은 「ない」가 아니라 「いない」이다.

- あそこに 弟(おとうと)が いる/いない。 저기에 남동생이 있다/없다.
- 木(き)の 上(うえ)に とりが います。 나무 위에 새가 있습니다.

- おばあちゃんは いなかに います。 할머니는 시골에 있습니다.
- 教室(きょうしつ)には だれも いません。 교실에는 아무도 없습니다.

単語

· 公園(こうえん) 공원
· 木(き) 나무
· テーブル 테이블
· 上(うえ) 위
· みかん 귤
· なにも 아무것도
· とり 새
· だれも 아무도

3 위치를 나타내는 말

上(うえ) 위

下(した) 아래

左(ひだり) 왼쪽

右(みぎ) 오른쪽

中(なか) 안

外(そと) 바깥

後(うしろ) 뒤

前(まえ) 앞

横(よこ) 옆, 가로

となり 옆, 이웃

単語

· ねずみ 쥐

· ねこ 고양이

A : ねずみは どこに いますか　　생쥐는 어디에 있습니까?

B : ねずみは ねこの うえに います。　　생쥐는 고양이 위에 있습니다.

다음 그림을 보고, 「~に ~が あります」와 같이 말해 보세요.

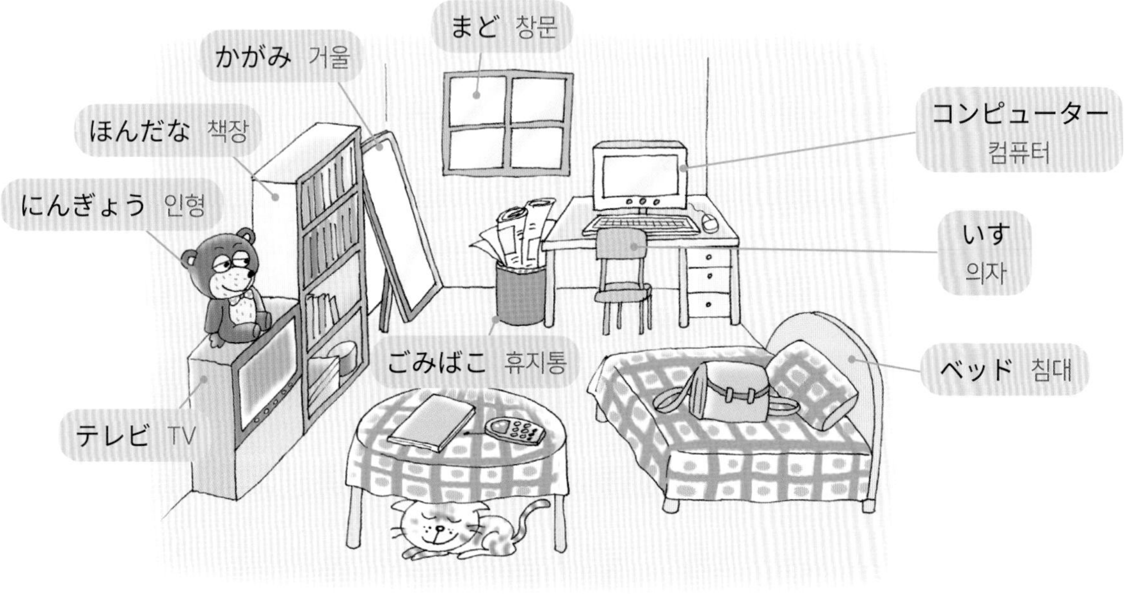

ベッドの うえに かばんが あります。

テーブルの したに ねこが います。

문법 패턴 익히기

4 가족에 대한 호칭

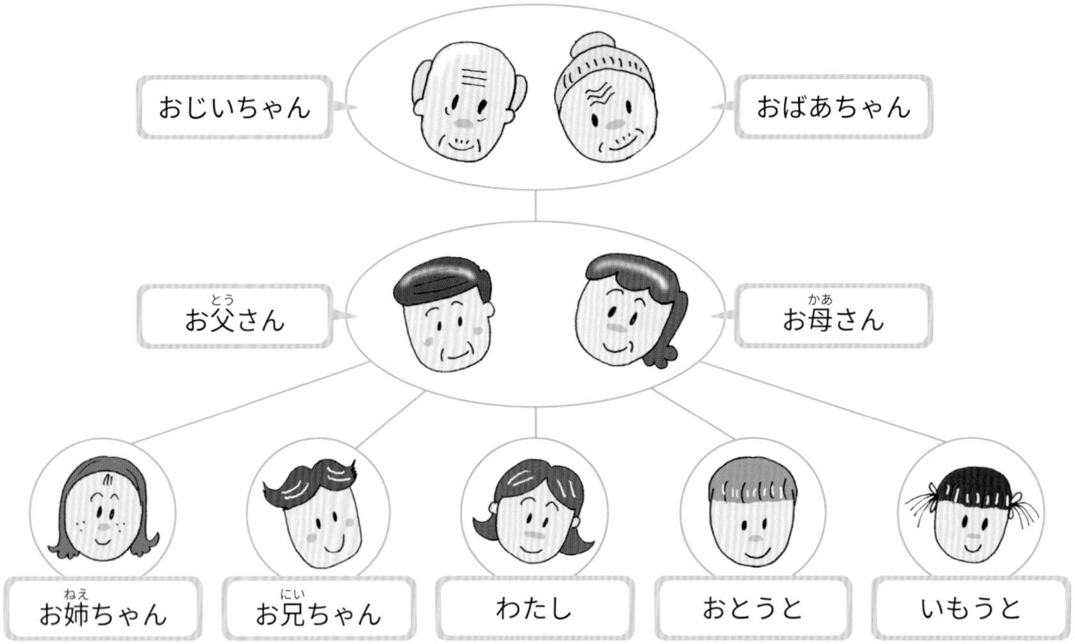

자기 가족		남의 가족
祖父(そふ)/おじいちゃん	할아버지	おじいさん
祖母(そぼ)/おばあちゃん	할머니	おばあさん
父(ちち)/お父(とう)さん	아버지	お父(とう)さん
母(はは)/お母(かあ)さん	어머니	お母(かあ)さん
兄(あに)/お兄(にい)ちゃん	형·오빠	お兄(にい)さん
姉(あね)/お姉(ねえ)ちゃん	누나·언니	お姉(ねえ)さん
弟(おとうと)	남동생	弟(おとうと)さん
妹(いもうと)	여동생	妹(いもうと)さん

▶ 상대방에게 자신의 가족에 대해 말할 때는 「父(ちち)」, 「母(はは)」라고 하고, 집에서 직접 부를 때는 「お父(とう)さん」, 「お母(かあ)さん」이라고 한다. 동생은 이름을 부르거나 이름 뒤에 「ちゃん」을 붙여서 부르기도 한다.

그밖에 가족에 대한 말

· 一人っ子(ひとりっこ)	외동	· 末っ子(すえっこ)	막내
· 二人兄弟(ふたりきょうだい)	2남매	· 三人姉妹(さんにんしまい)	세 자매
· 一人息子(ひとりむすこ)	외아들	· 一人娘(ひとりむすめ)	외동딸
· 長男(ちょうなん)	장남	· 長女(ちょうじょ)	장녀
· 次男(じなん)	차남	· 次女(じじょ)	차녀
· 父方(ちちかた)の~	아버지 쪽의~	· 母方(ははかた)の~	어머니 쪽의~ (외~)
· おい	조카(남자)	· めい	조카(여자)
· おじさん	삼촌, 외삼촌	· いとこ	사촌
· 主人(しゅじん)	남편	· 家内(かない)	아내
· むすこ	아들	· むすめ	딸

집에서 부를 때

わたしの おとうとです。

다른 사람에게 가족을 소개할 때

わたしの ははです。

문법 패턴 익히기

5 사람 수 헤아리기

1人	ひとり	한 사람	6人	ろくにん	여섯 사람
2人	ふたり	두 사람	7人	しちにん	일곱 사람
3人	さんにん	세 사람	8人	はちにん	여덟 사람
4人	よにん	네 사람	9人	きゅうにん	아홉 사람
5人	ごにん	다섯 사람	10人	じゅうにん	열 사람

▶人의 발음
3人(さんにん)
세 사람, 3인
韓国人(かんこくじん)
한국인
韓国(かんこく)の人(ひと)
한국 사람

▶ 11명 이상은 11人(じゅういちにん), 12人(じゅうににん)과 같이 읽는다. 단, 14人(じゅうよにん), 24人(にじゅうよにん)은 주의. 7人은 ななにん으로도 읽는다.

A : なんにん かぞくですか。
식구가 몇이에요?

B : よにん かぞくです。
네 식구예요.

A : なんにん きょうだいですか。
형제가 몇이에요?

B : あにと わたしの ふたり きょうだいです。
형이랑 나, 두 형제예요.

A : しゃいんは なんにんですか。
사원은 몇 명이에요?

B : じゅうしちにんです。
열 일곱 명이에요.

▶しゃいん(社員): 사원

심화학습

① だれか(누군가)와 だれが(누가)

「だれか いますか」(누구 있어요?)는 있는지, 없는지를 묻는 말이고, 「だれが いますか」(누가 있어요?)는 누가 있는지를 묻는 말이다.

A	：教室(きょうしつ)に だれか いますか。	교실에 누군가 있습니까?
B_1	：はい、います。	네, 있습니다.
B_2	：いいえ、だれも いません。	아뇨, 아무도 없습니다.
A	：だれが いますか。	누가 있습니까?
B_1	：さとうさんが います。	사토 씨가 있습니다.

② なにか(뭔가)와 なにが(무엇이)

마찬가지로, 「なにか ありますか」는 있는지, 없는지를 묻는 말이고, 「なにが ありますか」는 무엇이 있는지를 묻는 말이다.

A	：テーブルの うえに なにか ありますか。	테이블 위에 뭔가 있습니까?
B_1	：はい、あります。	네, 있습니다.
B_2	：いいえ、なにも ありません。	아뇨, 아무 것도 없습니다.
A	：なにが ありますか。	뭐가 있습니까?
B_1	：みかんが あります。	귤이 있습니다.

だれか いますか。

↙ はい、います。 ↘ いいえ、だれも いません。

↓

だれが いますか。

↓

さとうさんが います。

なにか ありますか。

↙ はい、あります。 ↘ いいえ、なにも ありません。

↓

なにが ありますか。

↓

みかんが あります。

말하기

なんにんかぞくですか。 식구가 몇이에요?　그림을 보고 예와 같이 말해 보세요.

1 예

❶ A：何人(なんにん) 家族(かぞく)ですか。

B：4人 家族(かぞく)です。

❷ A：何人(なんにん) 兄弟(きょうだい)ですか。

B：2人 兄弟(きょうだい)です。

2

❶ A：何人 家族ですか。

B：__________ 家族です。

❷ A：何人 兄弟ですか。

B：__________ 兄弟です。

3

❶ A：何人 家族ですか。

B：__________ 家族です。

❷ A：何人 兄弟ですか。

B：__________ 兄弟です。

4

❶ A：何人 家族ですか。

B：__________ 家族です。

❷ A：何人 兄弟ですか。

B：_______________ です。

듣기

Track 32

1 잘 듣고 맞는 그림을 고르세요.

①

②

③

④

2 잘 듣고 맞는 그림을 고르세요.

①

②

③

④

3 잘 듣고 맞는 그림을 고르세요.

①

②

③

④

확인문제

1 다음 빈칸에 「**あります**」와 「**います**」 중 알맞은 표현을 써 넣으세요.

1. ここに ぼうしが ＿＿＿＿＿＿。

2. あそこに お父さんが ＿＿＿＿＿＿。

3. あそこに おおきい 木が ＿＿＿＿＿＿。

4. テーブルの 上に りんごが ＿＿＿＿＿＿。

5. 動物園(どうぶつえん)に ぞうが ＿＿＿＿＿＿。

2 그림을 보고 문장을 만들어 보세요.

1. あには へやに います。

2. いもうとは ＿＿＿＿＿に ＿＿＿＿＿＿。

3. ＿＿＿＿＿は ＿＿＿＿＿に ＿＿＿＿＿＿。

4 ________ は ________ に __________。

5 ________ は ________ に __________。

6 ________ と ________ は ________ に ________。

3 다음 문장에서 틀린 부분을 찾아 알맞게 고치세요.

1 学校(がっこう)の となりに 銀行(ぎんこう)が います。

→

2 テーブルの 上(うえ)に とりが あります。

→

3 A：家族写真(かぞくしゃしん)ですね。この 方(かた)が あなたの 父(ちち)ですか。

B：はい、そうです。

→

4 A：ふたり兄弟(きょうだい)ですか。

B：はい、私(わたし)の 上(うえ)に いもうとが 一人(ひとり) います。

→

5 A：何人(なんにん) 兄弟(きょうだい)ですか。

B：私(わたし)と おとうとの ふたりしまいです

→

単語

- 動物園(どうぶつえん) 동물원
- ぞう 코끼리
- だいどころ 부엌
- いま 거실
- にわ 정원
- ちゅうしゃじょう 주차장
- くるま 자동차
- この方(かた) 이분

unit 11

どこへ 行(い)きますか。

신타로와 연희는 우연히 존을 만났습니다.

あっ、あれ ジョンさんじゃ ありませんか。

本当(ほんとう)だ。ジョンさーん!!

あれ、しんたろうくん、ヨンヒちゃん。

どこへ 行(い)きますか。

コエックスへ 行(い)きます。

コエックスで 何(なに)を しますか。

友(とも)だちに 会(あ)います。それから、映画(えいが)を 見(み)ます。

バスで 行(い)きますか。

いいえ、バスでは 行(い)きません。地下鉄(ちかてつ)で 行(い)きます。

そうですか。

いってらっしゃ〜い。

이연희	어? 저건 존 씨 아니에요?
신타로	정말이네. 존 씨~.
존	어, 신타로 군, 연희 씨.
신타로	어디에 가요?
존	코엑스에 가요.
신타로	코엑스에서 뭐 해요?
존	친구를 만나요. 그리고 영화를 볼 거예요.
신타로	버스로 가요?
존	아뇨, 버스로 안 가요. 지하철로 가요.
신타로	그래요?
신타로, 연희	잘 갔다 오세요.

単語

- ~じゃありませんか ~(이) 아닙니까?
- 本当(ほんとう)だ 정말이다
- ~へ ~로(방향)
- 行(い)きますか 갑니까?
- ~で ~에서(장소)
- ~に 会(あ)います ~를 만납니다
- それから 그리고나서
- 映画(えいが) 영화
- 見(み)ます 봅니다
- バス 버스
- ~で ~으로(수단)
- 地下鉄(ちかてつ) 지하철
- いってらっしゃい 다녀오세요

▶ 주의 '~를 만나다' 라고 할 때, 조사 を를 쓰지 않고 に를 쓴다.

Track 33

다음 그림의 밑줄 친 부분을 바꾸어 말해 보세요.

Track 34

どこへ 行(い)きますか。
어디에 가요?

銀行(ぎんこう)へ 行(い)きます。
은행에 가요.

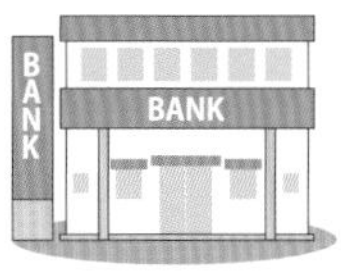

銀行(ぎんこう)
은행

デパート
백화점

学校(がっこう)
학교

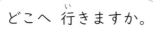

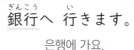

図書館(としょかん)
도서관

문법 패턴 익히기

1 ～では ありませんか / ～じゃ ないですか ~아니에요?

「～では ありません(=じゃないです)」은 '~이 아닙니다'인데, 끝에 의문조사 「か」가 붙어서 '~가 아니겠어요?' 하고 반문함으로써 놀라움이나 확인, 강조를 나타낸다.

- あちらは すずきさんでは ありませんか。　저쪽은 스즈키 씨 아니에요?
- きょう たん生日(じょうび)じゃ ないですか。　오늘 생일 아니에요?

2 ～へ 行きます ~으로(에) 갑니다

「～へ」(~에, ~로)는 방향을 나타내는 조사다. 표기는 「へ」로 되어 있지만 조사로 쓰일 때는 [he]가 아니라 [e]로 발음한다. 또, 「～に」도 「～へ」와 비슷하게 쓰이는데, 「～へ」가 방향을 나타낸다면, 「～に」는 목적지를 나타낸다.

- 学校(がっこう)へ(に) 行(い)きます。　학교에 갑니다.
- こきょうへ 帰(かえ)ります。　고향으로 (돌아)갑니다.

3 ～で ~에서(장소) / ~로(수단, 도구)

「で」는 '~에서'(장소)라는 뜻으로 동작이 일어나는 장소를 나타내기도 하고, 우리말 '로'의 뜻으로 도구나 교통수단, 재료 등을 나타내기도 한다.

- 図書館(としょかん)で 本(ほん)を 読(よ)みます。　도서관에서 책을 읽습니다. [장소]
- ボールペンで 書(か)きます。　볼펜으로 씁니다. [도구]
- バスで 行(い)きます。　버스로 갑니다. [수단]

4 일본어 동사의 종류와 특징

일본어 동사는 끝음이 모두 [う]단으로 끝나는데, 그 모양에 따라 1류동사, 2류동사, 3류동사 세 가지로 나누어진다. 동사 모양을 보고 어느 그룹에 속하는지 알아야 한다.

1류동사 끝음이 あいうえお 5단에 걸쳐 활용하는 것으로 5단동사라고도 부른다.

· 기본형이 「る」로 끝나지 않는 동사.
· 「る」로 끝나는 동사 중에 그 앞의 음이 「い단」이나 「え단」이 아닌 동사.

예 買(か)う 사다	行(い)く 가다	死(し)ぬ 죽다
立(た)つ 서다	書(か)く 쓰다	遊(あそ)ぶ 놀다
座(すわ)る 앉다	泳(およ)ぐ 헤엄치다	読(よ)む 읽다

예외 모양은 2류동사지만, 1류동사에 속하는 것

예 帰(かえ)る 돌아가다 入(はい)る 들어가다

2류동사

· 기본형이 모두 「る」로 끝나고, 「る」 앞에 「い단」이나 「え단」이 오는 동사.
· 「る」 앞에 「い단」이 오는 것은 상1단동사, 「え단」이 오는 것은 하1단동사라고 한다.

예 起(お)きる 일어나다	見(み)る 보다	상1단동사
寝(ね)る 자다	食(た)べる 먹다	하1단동사

3류동사 변격활용하는 것으로, 「する(하다)」와 「来る(오다)」 두 개뿐이다.
단, 「勉強する(공부하다)」와 같이 「～する」(～하다)로 끝나는 동사는 「する」와 같이 활용한다.

예 来(く)る 오다	カ변격동사
する 하다	サ변격동사
勉強(べんきょう)する 공부하다	

▶ 구분요령: 우선 끝글자가 る인지를 보고 아니면 모두 1류동사, 끝글자가 る라면 바로 앞 글자의 모음이 [아/우/오]인 것이 1류동사.

▶ '～하다'는 말 중에 동사는 ～する지만, '깨끗하다(きれいだ)', '조용하다(しずかだ)'와 같은 말은 な형용사이다.

いる すわる
たつ する

문법 패턴 익히기

5 동사 기본형과 ます형

동사 기본형은 그대로 말하면 반말이 되고, 끝을 올려서 발음하면 가벼운 의문을 나타내기도 한다. 또, 기본형으로 뒤에 오는 명사를 꾸밀 수도 있다.

예 買(か)う 사다

- 買う? 살래?
- 買う。 살게.
- 買う 人(ひと) 살 사람

동사 기본형을 우리말 '~니다'체에 해당하는 ます로 바꿀 때, 동사 어미가 바뀌는데, ます가 붙을 때 바뀌는 형태를 ます형이라고 한다.

	기본형	**ます**(~니다)	**ますか**(~니까?)	**ません**(~지 않습니다)
1류동사	어미 ウ단을 イ단으로 바꾸고 ます·ますか·ません을 접속한다.			
	買(か)う 사다	買います	買いますか	買いません
	行(い)く 가다	行きます	行きますか	行きません
	読(よ)む 읽다	読みます	読みますか	読みません
	立(た)つ 서다	立ちます	立ちますか	立ちません
	遊(あそ)ぶ 놀다	遊びます	遊びますか	遊びません
	座(すわ)る 앉다	座ります	座りますか	座りません
	*帰(かえ)る 돌아가다	帰ります	帰りますか	帰りません
	*入(はい)る 들어가다	入ります	入りますか	入りません
2류동사	어미 る를 없애고, ます·ますか·ません을 접속한다.			
	見(み)る 보다	見ます	見ますか	見ません
	起(お)きる 일어나다	起きます	起きますか	起きません
	寝(ね)る 자다	寝ます	寝ますか	寝ません
	食(た)べる 먹다	食べます	食べますか	食べません
3류동사	する와 来る는 변격활용을 하므로 각각 그 형태를 외두면 된다.			
	する 하다	します	しますか	しません
	来(く)る 오다	来ます	来ますか	来ません
	勉強する 공부하다	勉強します	勉強しますか	勉強しません

A : デパートで なにを しますか。　　백화점에서 무엇을 합니까?

B : ともだちに 会(あ)います。　　친구를 만납니다.

A : ともだちと なにを しますか。　　친구와 무엇을 합니까?

B : えいがを みます。　　영화를 봅니다.

食事(しょくじ)は しません。　　식사는 하지 않습니다.

単語

- こきょう 고향
- ボールペン 볼펜
- 食事(しょくじ) 식사

심화학습

1. 다음 동사를 ます형으로 바꾸세요.(ひらがな로 쓰기)

① 行(い)く → いきます　　⑥ 起(お)きる → ________

② 読(よ)む → ________　　⑦ 見(み)る → ________

③ 遊(あそ)ぶ → ________　　⑧ 勉強(べんきょう)する → ________

④ 買(か)う → ________　　⑨ 来(く)る → ________

⑤ 帰(かえ)る → ________　　⑩ する → ________

2. 다음 긍정문을 부정문으로 고치세요.

① 行(い)きます → ________　　⑥ 起(お)きます → ________

② 読(よ)みます → ________　　⑦ 見(み)ます → ________

③ 遊(あそ)びます → ________　　⑧ 勉強(べんきょう)します → ________

④ 買(か)います → ________　　⑨ 来(き)ます → ________

⑤ 帰(かえ)ります → ________　　⑩ します → ________

말하기

どこへ 行きますか。 어디에 갑니까?

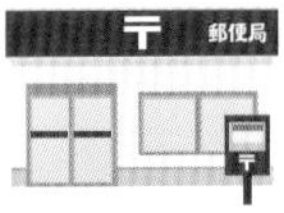

郵便局(ゆうびんきょく)

デパート

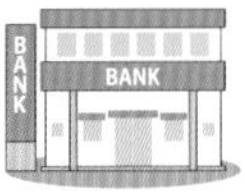

銀行(ぎんこう)

図書館(としょかん)

家(うち)(帰(かえ)る)

地下鉄(ちかてつ)
지하철

歩(ある)いて
걸어서

自転車(じてんしゃ)
자전거

タクシー
택시

バス
버스

A: どこへ 行(い)きますか　　어디에 가요?

B: 郵便局(ゆうびんきょく)に 行(い)きます。　　우체국에 가요.

B: なんで 行(い)きますか。　　뭘로 가요?

A: バスで 行(い)きます。　　버스로 가요.

単語

- 歩(ある)いて 걸어서
- 自転車(じてんしゃ) 자전거
- タクシー 택시

듣기

Track 35

1 잘 듣고 맞는 그림을 고르세요.

1 미유키는 어디에 갑니까?

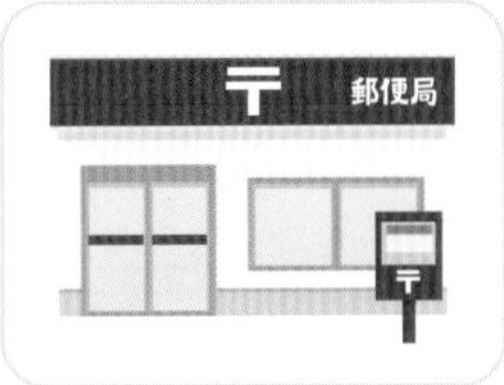

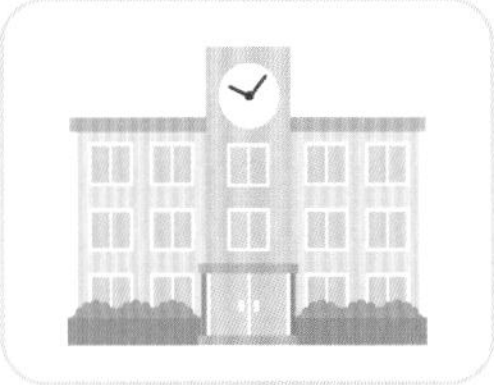

❶ ❷ ❸ ❹

2 무엇을 타고 갑니까?

❶ ❷ ❸ ❹

2 타카시는 어디로 갑니까? 잘 듣고 맞는 번호에 체크하세요.

❶ (　　　　)

❷ (　　　　)

❸ (　　　　)

❹ (　　　　)

확인문제

1 다음 그림을 보고 「~で(て) ~に 行きます」 문장을 만드세요. <교통수단/장소>

① バス＿＿＿ 学校(がっこう)＿＿＿ 行(い)きます。

② ＿＿＿＿＿＿＿＿＿＿＿＿＿＿＿＿＿＿＿＿。

③ ＿＿＿＿＿＿＿＿＿＿＿＿＿＿＿＿＿＿＿＿。

2 다음 문장을 「~では ありませんか」형으로 바꾸세요.

① あした たんじょうびです。

→ ＿＿＿＿＿＿＿＿＿＿＿＿＿＿＿＿＿＿＿＿。

② 来年(らいねん)は 2026年(ねん)です。

→ ＿＿＿＿＿＿＿＿＿＿＿＿＿＿＿＿＿＿＿＿。

③ あそこに いる 人(ひと)は やまださんです。

→ ＿＿＿＿＿＿＿＿＿＿＿＿＿＿＿＿＿＿＿＿。

3 다음 긍정문을 부정문으로 바꾸세요.

1 あした 図書館に 行きます。

→ ______________________________。

2 きょうは バスで 行きます。

→ ______________________________。

3 ことしの 夏は 日本へ 帰ります。

→ ______________________________。

単語

・夏(なつ) 여름

unit 12 いっしょに 見(み)ませんか。

한가한 하루. 연희가 신타로에게 영화를 같이 보자고 합니다.

しんたろうさん、今日(きょう) 何(なに)か 予定(よてい) ありますか。

何(なに)も ないですよ。

では、私(わたし)と いっしょに 映画(えいが)を 見(み)ませんか。

いいですよ。

(극장 앞에서) あれに しましょう。

あれは もう 見(み)ました。TTTは どうですか。

いいですよ。それに しましょう。

でも、6時(ろくじ)からですよ。6時(ろくじ)まで 何(なに)を しますか。

さきに ご飯(はん)を 食(た)べませんか。

そうですね。そうしましょう。

じゃあ、さきに チケットを

買(か)いましょう。

Track 36

이연희　신타로 씨, 오늘 뭐 할일(예정, 약속) 있어요?
신타로　아무것도 없어요.
이연희　그럼, 나랑 같이 영화 안 볼래요?
신타로　좋아요.
이연희　(극장 앞에서) 저걸로 해요.
신타로　저건 벌써 봤어요. TTT는 어때요?
이연희　좋아요. 그걸로 하죠.
　　　　그런데, 6시부터예요. 6시까지 뭐 하죠?
이연희　먼저 밥을 먹을까요?
신타로　그래요. 그러죠. 그럼, 먼저 표를 삽시다.

単語

- 予定(よてい) 예정, 계획
- では＝じゃ 그럼
- ～と ~와/과
- 一緒(いっしょ)に 같이, 함께
- 映画(えいが) 영화
- ～を ~을/를
- もう 벌써, 이미
- でも 그런데
- ～から ~부터
- ～まで ~까지
- さきに 먼저
- ご飯(はん) 밥
- 食(た)べる 먹다
- そうですね 그렇군요
- そうしましょう 그렇게 합시다
- チケット 티켓
- 買(か)う 사다

다음 그림의 밑줄 친 부분을 바꾸어 말해 보세요.

Track 37

私と 一緒(いっしょ)に 映画(えいが)を 見(み)ませんか。
나랑 같이 영화 안 볼래요?
いいですよ。
좋아요.

映画(えいが)を 見る
영화를 보다

買(か)い物(もの)を する
쇼핑을 하다

食事(しょくじ)を する
식사를 하다

勉強(べんきょう)を する
공부를 하다

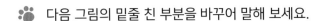

문법 패턴 익히기

1 ～ませんか ～하지 않을래요?

「동사 ます형+ませんか」는 '～하지 않을래요?'란 뜻으로 상대방의 의향을 물어보는 표현이다. 대개 앞에는 「よかったら」(괜찮다면)와 같은 말이 온다.

A：みきさん、一緒(いっしょ)に 勉強(べんきょう)しませんか。 미키 씨, 같이 공부 안 할래요?

B1：ええ、いいですよ。 네, 좋아요.

B2：すみません。今日(きょう)は ちょっと… 미안해요. 오늘은 좀...

2 ～ました ～했습니다

「～ました」는 「～ます」의 과거형이다. 부정은 「～ませんでした」(～하지 않았습니다).

A：デパートで なにを 買(か)いましたか。 백화점에서 무엇을 샀습니까?

B1：とけいを 買(か)いました。 시계를 샀습니다.

B2：何(なに)も 買(か)いませんでした。 아무것도 안 샀습니다.

3 ～ましょう ～합시다

「～ましょう」는 '～합시다'란 뜻으로 상대방에게 ～하자고 권하는 표현이다.

- 一緒(いっしょ)に 行(い)きましょう。 같이 갑시다.
- ごはんを 食(た)べましょう。 밥을 먹읍시다.

ます형 정리

行きますか	갑니까?	行きます	갑니다
		行きません	안 갑니다
行きましたか	갔습니까?	行きました	갔습니다
		行きませんでした	안 갔습니다
行きませんか	갈래요?	行きましょう	갑시다

4 ～に する ~로 하다

「~に する」는 '~로 하다'란 뜻으로 결정을 나타낸다.

A: のみものは なにに しますか　　마실 것은 뭘로 할래요?

B: コーヒーに します。　　커피로 할게요.

単語
- のみもの 음료
- コーヒー 커피

5 ～から / ～まで ~부터 / ~까지

「~から·~まで」는 '~부터·~까지'라는 뜻으로 「から」는 출발점, 「まで」는 도착점을 나타낸다. 시간, 장소, 범위 등에 두루 쓸 수 있다.

- 映画(えいが)は 5時(ごじ)から 7時(しちじ)までです。
  영화는 5시부터 7시까지입니다.
- 家(いえ)から 学校(がっこう)まで 10分(じゅっぷん)ぐらいです。
  집에서 학교까지 10분정도입니다.

単語
- ぐらい ~정도

12

6 いま なんじですか? 지금 몇 시예요?

～時(じ)

いちじ　にじ　さんじ　よじ　ごじ　ろくじ

しちじ　はちじ　くじ　じゅうじ　じゅういちじ　じゅうにじ

문법 패턴 익히기

~分(ふん)

5分	ごふん	10分	じゅっぷん(じっぷん)
15分	じゅうごふん	20分	にじゅっぷん(にじっぷん)
25分	にじゅうごふん	30分	さんじゅっぷん(さんじっぷん)
35分	さんじゅうごふん	40分	よんじゅっぷん(よんじっぷん)
45分	よんじゅうごふん	50分	ごじゅっぷん(ごじっぷん)
55分	ごじゅうごふん	60分	ろくじゅっぷん(ろくじっぷん)

숫자 4와 9가 들어간 표현은 주의가 필요하다. 30분은 「半(はん)」이라고도 한다.

6 時(ろくじ) 5分前(ごふんまえ)

9時(くじ)すぎ

1 2時(じゅうにじ)ちょうど

単語

- 午前(ごぜん) 오전
- 午後(ごご) 오후
- 前(まえ) ~전
- すぎ ~지남

7 유용한 표현

❶ 今日(きょう) 何(なに)か 予定(よてい) ありますか　오늘 무슨(뭔가) 예정 있어요?

예정이나 약속이 있는지 물어보는 표현이다.

❷ 何(なに)も ないですよ　아무것도 없어요.

위 질문에 대한 답으로, 약속이 있을 경우는 「はい、約束(やくそく)が ありますが…」(네, 약속이 있는데요…)라고 한다.

말하기

1. なにを しましたか? 다음 단어를 이용하여 예와 같이 말해 보세요.

예

A: きのうの 放課後(ほうかご)、何(なに)を しましたか。 어제 방과후에 뭐 했어요?

B: 家(いえ)に 帰(かえ)りました。 집에 갔어요.

A: 3時(さんじ)からは 何(なに)を しましたか。 3시부터는 뭐 했어요?

B: じゅくに 行(い)きました。 학원에 갔어요.

A: では 何時(なんじ)に ねましたか。 그럼, 몇 시에 잤어요?

B: 10時(じゅうじ)に ねました。 10시에 잤어요.

9:00~2:00

勉強(べんきょう)する
공부하다

2:00

家(うち)に 帰(かえ)る
집에 돌아가다

3:00

じゅくに 行(い)く
학원에 가다

4:00~5:30

友(とも)だちと あそぶ
친구와 놀다

7:00

ゆうごはんを 食(た)べる
저녁밥을 먹다

8:00~9:00

テレビを 見(み)る
TV를 보다

9:00~10:00

本(ほん)を 読(よ)む
책을 읽다

10:00

ねる
자다

12

말하기

2. いっしょに しましょう。 다음 동사를 이용하여 예와 같이 말해 보세요.

예

A：	今日(きょう) 何(なに)か 予定(よてい) ありますか。	오늘 뭐 계획 있어요?
B：	何(なに)も ありません。	아무것도 없어요.
A：	じゃ、いっしょに 映画(えいが)を 見(み)ませんか。	그럼, 같이 영화 봐요.
B：	ええ、いいですよ。	네, 좋아요.
A：	今日(きょう) いっしょに 映画(えいが)を 見(み)ませんか。	오늘 같이 영화 안 볼래요?
B：	すみません。今日(きょう)は ちょっと…。	미안해요. 오늘은 좀….
A：	じゃ、また こんど。	그럼, 다음에 또.

1

映画(えいが)を 見(み)る

영화를 보다

2

買(か)い物(もの)を する

쇼핑을 하다

3

ゆうごはんを 食(た)べる

저녁을 먹다

4

本屋(ほんや)に 行(い)く

서점에 가다

듣기

Track 38

1 지금 몇 시입니까? 듣고 시각을 그리세요.

❶ 

❷ 

❸ 

2 에리코는 어제 무엇을 했습니까?

❶

❷

❸

❹

3 유코는 일요일에 무엇을 합니까?

❶

❷

❸

❹

확인문제

1 다음 주어진 단어를 이용하여 예와 같이 '~부터 ~까지' 문장을 만드세요.

예 かいぎ(회의) / ごぜん 11時 / ごご 1時
→ かいぎは ごぜん 11時から ごご 1時までです。

❶ 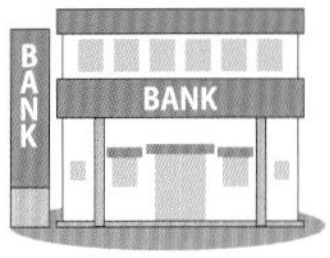

銀行(ぎんこう) 은행 ごぜん10時 ~ ごご4時

→

❷ 

じゅく 학원 ごぜん7時 ~ ごご9時

→

❸ 

テスト 시험 ごぜん9時 ~ ごご2時

→

❹ 

デパート 백화점 ごぜん10時 ~ ごご8時

→

❺ 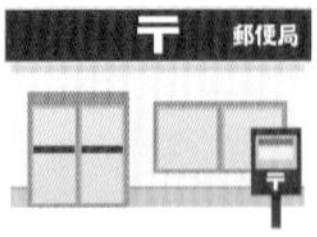

郵便局(ゆうびんきょく) 우체국 ごぜん9時 ~ ごご5時

→

❻ 

本屋(ほんや) 서점 ごぜん10時 ~ ごご10時

→

❼ 

食堂(しょくどう) 식당 ごぜん11時 ~ ごご10時

→

おもしろい
むかしばなし

카사지조

* 옛날 일본에서는 마을을 지켜주는 지장보살을 돌로 만들어 산에 두었는데, “카사지조”는 ‘삿갓 쓴 보살’이란 뜻입니다. 가난하지만, 착한 마음씨를 갖고 선행을 베푼 사람은 복을 받는다는 아름다운 이야기입니다.

산속에 가난한 할아버지와 할머니가 살고 있었습니다. 두 사람은 삿갓을 만들어 팔아 생계를 이어갔고, 늘 "감사하지요?"라며 서로를 아끼며 지냈습니다.

어느 설날 전날, 할아버지는 먹을 것이 없어 삿갓을 팔러 나갔지만, 아무도 사지 않았습니다. 실망하며 돌아오던 길에 눈 덮인 지장보살 여섯 분이 서 있는 것을 발견했습니다.

"이렇게 눈이 많이 오는 날 밤에, 춥지요?"

이렇게 말하며 할아버지는 자신이 만든 삿갓을 지장보살님 머리에 씌워주었습니다. 하지만 삿갓이 다섯 개뿐이라 하나가 모자라자, 할아버지는 자신이 쓰던 낡은 삿갓을 벗어 마지막 보살님께 씌우며

"오래되어 너덜너덜하지만, 용서해 주세요."라고 말했습니다.

할아버지의 머리는 금세 눈으로 덮였지만, 그는 기쁜 마음으로 돌아갔습니다.

집에 돌아온 할아버지는 할머니에게 이야기를 전했고, 할머니는

"그것 정말 좋은 일을 했수."라고 말하며 기뻐했습니다.

그날 밤, 갑자기 밖에서 노래 소리가 들려왔습니다.

“할아버지 집은 어디에 있나 삿갓을 빌려 주신 할아버지 할아버지 집은 어디 있나”

문을 열고 보니, 삿갓을 쓴 여섯 명의 지장보살님이 척척 할아버지 집으로 다가와서는 문 앞에 쌀이랑 떡을 놓고, 빙긋 웃고는 눈 속으로 돌아갔습니다. 할아버지와 할머니는 지장보살님의 모습이 보이지 않을 때까지, 두 손을 모은 채 뒷모습을 바라보았습니다.

12

unit 13 デパートより本屋(ほんや)の ほうが いいです。

신타로와 연희가 전화로 저녁 약속을 하고 있습니다.

もしもし。しんたろうさん?

ヨンヒさん? どうしましたか。

今日(きょう) 時間(じかん) ありますか。

はい、大丈夫(だいじょうぶ)です。

いっしょに ご飯(はん)を 食(た)べに 行(い)きませんか。

いいですよ。何時(なんじ)に しますか。

じゃあ、6時(ろくじ)に デパートの 前(まえ)は どうですか。

あっ、デパートより 本屋(ほんや)の ほうが いいかな…。

デパートの 前(まえ)は 人(ひと)が 多(おお)いから。

でも、今日(きょう)は 土曜日(どようび)だから 本屋(ほんや)も 人(ひと)が 多(おお)いですよ。

じゃあ、本屋(ほんや)の よこに ある 新(あたら)しい ビルの 前(まえ)は どうですか。

新(あたら)しい ビル? よく わかりません。

あの 周辺(しゅうへん)の たてものの 中(なか)で 一番(いちばん) 高(たか)い ビルだから すぐ

わかりますよ。

Track 39

이연희　여보세요? 신타로 씨?
신타로　연희 씨? 웬일이에요?
이연희　오늘 시간 있어요?
신타로　네, 괜찮아요.
이연희　같이 밥 먹으러 안 갈래요?
신타로　그래요. 몇 시로 할까요?
이연희　그러면 6시에 백화점 앞은 어때요?
참, 백화점보다는 서점이 더 좋을까….
백화점 앞은 사람이 많으니까.
신타로　근데, 오늘은 토요일이라 서점도 사람이 많아요.
이연희　그럼, 서점 옆에 있는 새 빌딩 앞은 어때요?
신타로　새 빌딩? 잘 모르는데요.
이연희　그 주위에 있는 건물 중에서 제일 높은 빌딩이니까
금방 알 수 있어요.

単語

- もしもし 여보세요
- 時間(じかん) 시간
- ～ですけど ～니다만
- ～に行(い)く ～하러 가다
- ～より ～보다
- ～のほう ～쪽
- ～から ～니까(이유)
- ビル 빌딩
- よく 잘
- わかる 알다
- 周辺(しゅうへん) 주변
- たてもの 건물
- ～の中(なか)で ～중에서
- 一番(いちばん) 제일, 가장
- すぐ 금방, 곧바로

13

다음 그림의 밑줄 친 부분을 바꾸어 말해 보세요.

Track 40

デパートの 前(まえ)は どうですか。
백화점 앞은 어때요?

デパートより 本屋(ほんや)の ほうが いいかな…。デパートの 前(まえ)は 人(ひと)が 多(おお)いから。
백화점보다 서점이 좋을까? 백화점 앞은 사람이 많으니까….

デパート
백화점

本屋(ほんや)
서점

マクドナルド
맥도날드

駅(えき)
역

문법 패턴 익히기

1 ～に 行く ～하러 가다

조사 「に」는 앞에서 '～에, 로'의 뜻으로 쓰인다고 배웠는데, 여기서는 「に」의 특별한 기능의 하나인 '목적'으로 쓰였다. 뜻은 '～하러'이며, 앞에는 동사 ます형이 오거나 동작성 명사가 온다. 「～に来る」(～하러 오다)로도 쓰인다.

食(た)べる	먹다	+	行く	가다	→	食べに 行く	먹으러 가다
食事(しょくじ)	식사	+	行く	가다	→	食事に 行く	식사하러 가다

- 友(とも)だちの 家(いえ)に 遊(あそ)びに 行(い)きます。 친구 집에 놀러 갑니다. 遊ぶ
- 図書館(としょかん)に 勉強(べんきょう)しに 行(い)きます。 도서관에 공부하러 갑니다. 勉強する

심화학습

▶「に」의 중요한 용법

·3時に 東京に いる 友達に あいに 行く。 3시에 동경에 있는 친구를 만나러 간다.

▶ '～를 만나다'라고 할 때, '을/를'에 해당하는 조사로 を가 오지 않고, 「に」가 온다.

·友達(ともだち)に 会(あ)う 친구를 만나다

▶ '택시(버스, 기차 등)를 타다'라고 할 때도 조사 「を」를 쓰지 않고 「に」를 쓴다.

· タクシーに 乗(の)る 택시를 타다

2 ～より ～の ほうが ～です ～보다 ～(쪽)이 더 ～입니다 <비교급>

「より」는 '～보다'란 뜻으로 비교를 나타낸다. 둘 중에 어느 한 쪽이 낫다고 할 때 쓴다.

A : すしと すきやきと どちらが おいしいですか。

초밥하고 전골하고 어느쪽이 맛있어요?

B : (すきやきより) すしの ほうが おいしいです。

(전골보다) 초밥이 맛있어요.

3 ～の 中で ～が 一番 ～です ～중에서 ～이 가장 ～입니다 <최상급>

여러 가지 중에서 어느 한 가지가 제일 낫다고 할 때 쓴다.

- くだものの 中で みかんが 一番 すきです。 과일 중에서 귤을 가장 좋아합니다.
- どうぶつの 中で 犬が 一番 かわいいです。 동물 중에서 개가 가장 귀엽습니다.
- かぞくの 中で お母さんが 一番 こわいです。 식구 중에서 엄마가 제일 무섭습니다.

다음과 같은 표현도 있다.

- 世界一 やさしい 会計の 本。 세상에서 제일 쉬운 회계책.
- ソウルで 一番 おいしい れいめんの 店。 서울에서 제일 맛있는 냉면집.

4 ～から ～니까(이유)

13

여기서 「から」는 원인이나 이유를 나타낸다. 동사, イ형용사, ナ형용사의 기본형에 접속하고, 명사에 접속할 때는「～だから」로 쓰인다. 문장 끝에 올 때는「～(だ)からです(～기 때문입니다)」.

- ねつが あるから 学校を 休みます。 열이 있어서 학교에 안 갑니다.
- ねだんが 安いから たくさん うれる。 가격이 싸기 때문에 많이 팔린다.
- ゆりさんは きれいだから 人気が ある。 유리 씨는 예뻐서 인기가 있다.
- これは にせものだから 高く ありません。 이건 가짜라서 비싸지 않습니다.

単語

- いぬ 개
- 世界一(せかいいち) 세상에서 제일
- 会計(かいけい) 회계
- ソウル 서울
- 店(みせ) 가게
- ねつ 열(熱)
- ねだん 값
- たくさん 많이
- うれる 팔리다
- にせもの 가짜

문법 패턴 익히기

5 유용한 표현

❶ もしもし 여보세요

사람을 부를 때 우리말로는 '여보세요'란 말을 쓰기도 하는데, 일본어에서 「もしもし」는 주로 전화에서 쓴다.

전화걸기의 기본 패턴

A:	もしもし。たなかさんの おたくですか。	여보세요? 다나카씨 댁인가요?
B:	はい、そうですが。	네, 그런데요.
A:	ゆうこさん いらっしゃいますか。	유코 씨 계세요?
B:	どちらさまですか。	누구세요?
A:	キムです。	김(정욱)입니다.
B:	はい、しょうしょう お待(ま)ちください。	네, 잠깐만요.

– 잘못 걸었을 경우 –

A:	もしもし、たなかさんの おたくですか。	여보세요? 다나카씨 댁인가요?
B:	いいえ、ちがいます。	아뇨, 아닌데요.
A:	すみません。まちがえました。	죄송합니다. 전화 잘못 걸었습니다.

– 전화를 끊을 때 –

① 윗사람한테	• 失礼(しつれい)します。	안녕히 계세요.
② 친구한테	• じゃあね。	그럼~.
	• バイバイ。	Bye-bye.

❷ どうしましたか 웬일이에요?

직역하면 '어찌된 거냐'는 뜻인데, 뜻밖의 연락을 받았거나 우연히 만났을 때, 등 다양한 장면에서 쓸 수 있다. 반말은 「どうしたの?」라고 한다.

말하기

1. どちらが すきですか。 다음 주어진 단어를 이용하여 묻고 답해 보세요.

うさぎと かめと どちらが はやいですか。
かめより うさぎの ほうが はやいです。

単語
- うさぎ 토끼
- かめ 거북이
- はやい 빠르다
- こわい 무섭다
- おおい 많다

❶ 

うさぎ(토끼) / かめ(거북이) / はやい(빠르다)

→ ______________________________

❷ 

ゆきさん / ゆりさん / かみが ながい(머리가 길다)

→ ______________________________

❸ 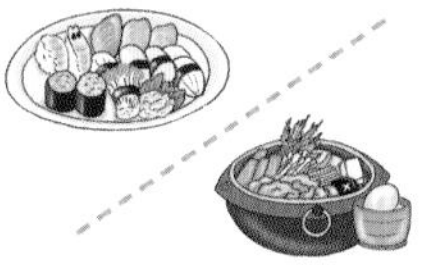

すし / すきやき / おいしい(맛있다)

→ ______________________________

❹ 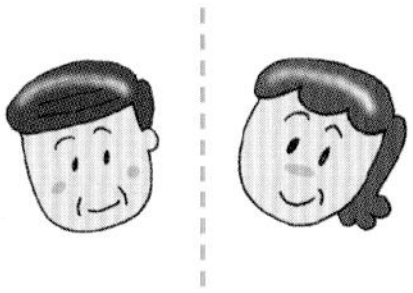

おとうさん / おかあさん / こわい(무섭다)

→ ______________________________

❺ 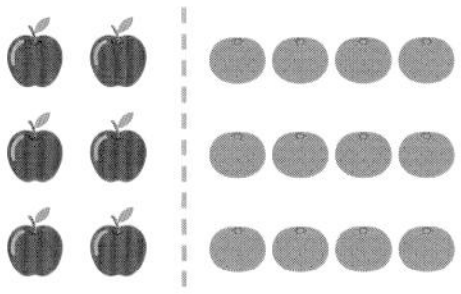

りんご / みかん / おおい(많다)

→ ______________________________

말하기

2. なにが 一番(いちばん) すきですか。 다음 단어를 이용하여 묻고 답하세요.

たべものの 中(なか)で なにが
いちばん すきですか。

▶질문의 대상에 따라 なにが(무엇이) 대신 だれが (누가) どこが(어디가) 등으로 바꿔 말할 수 있다.

単語

- たべもの 음식
- くだもの 과일
- どうぶつ 동물
- うりば 매장
- しんせつ 친절함

❶ 

すし

たべものの 中(なか)で なにが 一番(いちばん) すきですか。

❷ 

もも

くだものの 中(なか)で なにが 一番(いちばん) すきですか。

❸ 

ねこ

どうぶつの 中(なか)で なにが 一番(いちばん) すきですか。

❹ 

おかあさん

かぞくの 中(なか)で だれが 一番(いちばん) すきですか。

❺ 

Hデパート

デパートの 中(なか)で どこの デパートが いちばん 家(いえ)から ちかいですか。

듣기

Track 41

1 잘 듣고 대화내용에 맞는 것을 고르세요.

① a

もも

b

レモン

② a

くま

b

ぞう

③ a

ケーキ

b

バナナ

④ a

うさぎ

b

かめ

2 잘 듣고 맞는 것을 고르세요.

1 다카시는 유코에게 무엇을 하자고 했습니까?

① 

② 

③ 

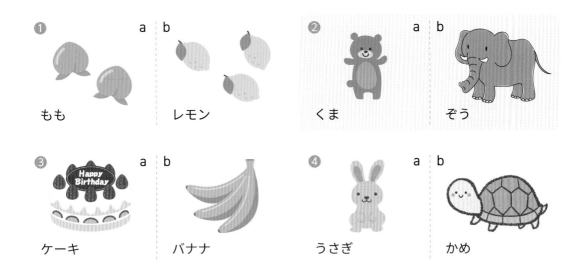

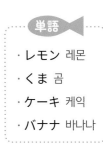

2 두 사람은 어떻게 하기로 약속했습니까?

언제 : ____________

시간 : ____________

만나는 장소 : ____________

単語

- レモン 레몬
- くま 곰
- ケーキ 케익
- バナナ 바나나

13

확인문제

1 예 와 같이 고치세요.

예 りんご＜みかん(すきだ) → りんごより みかんの ほうが すきです。

1 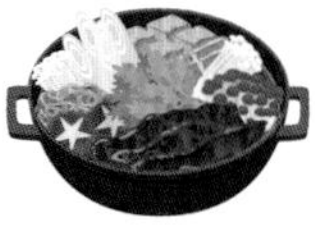 すきやき ＜  すし おいしい

→ ______________________

2  かめ ＜  うさぎ はやい

→ ______________________

3  ねこ ＜  いぬ おおい

→ ______________________

2 예 와 같이 고치세요.

예 どうぶつ / いぬ / すきだ → どうぶつの 中(なか)で いぬが 一番(いちばん) すきです。

1 くだもの / もも / おいしい → ______________________

2 世界(せかい) / 中国(ちゅうごく)の人口(じんこう) / 多(おお)い → ______________________

3 かぞく / おかあさん / こわい → ______________________

3 다음 단어를 이용하여 문장을 만들어 보세요.

예 ねつが ある / 学校(がっこう)を 休(やす)む → ねつが あるから 学校(がっこう)を 休(やす)みます。

1 たんじょうび(생일) / おいわいを する(축하를 하다)

→ ____。

2 夜道(よみち)は あぶない(밤길은 위험하다) / タクシーに 乗(の)る(택시를 타다)

→ ____。

3 あの子(こ)は 明(あか)るい(저 아이는 밝다) / 人気(にんき)が ある(인기가 있다)

→ ____。

4 かばんが 大(おお)きい(가방이 크다) / 何(なん)でも 入(はい)る(뭐든지 들어간다)

→ ____。

単語

- おいわいをする 축하를 하다
- 夜道(よみち) 밤길
- あぶない 위험하다
- 乗(の)る 타다
- バナナ 바나나
- 明(あか)るい 밝다
- 何(なん)でも 뭐든지
- 入(はい)る 들어가다

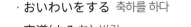

unit 14

何に なりたいですか。

연희와 신타로가 장차 무슨 일을 하고 싶어하는지 이야기를 나누고 있습니다.

しんたろうさんは 将来 何に なりたいですか。

私は 警察官に なりたいです。父親が 警察官だから。

ヨンヒさんは 何に なりたいですか。

私は スチュワーデスに なりたいです。

ヨンヒさんは 英語も 日本語も 上手だから 大丈夫ですね。

でも、どうして スチュワーデスに なりたいんですか。

いろいろな 国に 行きたいからです。

そうですか。がんばって!! ファイト!!

이연희	신타로 씨는 장래 뭐가 되고 싶어요?
신타로	나는 경찰관이 되고 싶어요. 아버지가 경찰관이시기 때문에. 연희 씨는 뭐가 되고 싶어요?
이연희	나는 승무원이 되고 싶어요.
신타로	연희 씨는 영어도 일어도 잘하니까 괜찮겠네요. 근데, 왜 승무원이 되고 싶은데요?
이연희	여러 나라에 가보고 싶어서요.
신타로	그래요? 열심히 해요. 화이팅!!

Track 42

単語

- 将来(しょうらい) 장래
- ～になりたい ～이 되고 싶다
- 警察官(けいさつかん) 경찰관
- 父親(ちちおや) 아버지
- スチュワーデス 스튜어디스
- 英語(えいご) 영어
- どうして 왜(=なぜ)
- いろいろ(な) 여러 가지
- 国(くに) 나라
- 行(い)きたい 가고 싶다
- がんばって! 열심히 해요
- ファイト 화이팅

Track 43

다음 그림의 밑줄 친 부분을 바꾸어 말해 보세요.

将来(しょうらい) 何(なに)に なりたいですか。
장래에 뭐가 되고 싶어요?

私は 作家(さっか)に なりたいです。
나는 작가가 되고 싶어요.

作家(さっか)
작가

歌手(かしゅ)
가수

先生(せんせい)
선생님

デザイナー
디자이너

14

문법 패턴 익히기

1 ～が ～たいです ～을 ～하고 싶습니다

동사 ます형에 「たい」(～하고 싶다)를 붙여서 희망을 나타낸다. 「たい」는 조동사지만, 모양이 い형용사처럼 생겼으므로 い형용사처럼 활용한다. 부정형은 「～たくありません」 또는 「～たくないです」.

보통 「～が ～たい」(～을 하고 싶다)로 쓰인다. (조사 「を」를 쓰기도 하지만 「～が ～たい」로 기억해 두자.

食べます 먹습니다	+	たい	→	食べたいです	먹고 싶습니다
			→	食べたくありません	먹고 싶지 않습니다
			→	食べたくないです	먹고 싶지 않습니다

- つめたい みずが 飲みたいです。 시원한 물을 마시고 싶습니다.
- ごはんは 食べたくないです。 밥은 먹고 싶지 않습니다.
- 結婚したいですか。 결혼하고 싶습니까?
- 死にたくないです。 죽고 싶지 않습니다.

単語

- みず 물
- 結婚(けっこん)する 결혼하다
- 死(し)ぬ 죽다

2 ～に なりたいです ～이 되고 싶습니다

「なる」는 '되다'란 뜻의 동사로, '～가 되다'라고 할 때는 「～に なる」와 같이 조사 「に」를 쓰는 것에 주의해야 한다. 「～に なる」는 숙어처럼 외워 두자.

歌手に なる 가수가 되다 + たい → 歌手に なりたいです。 가수가 되고 싶습니다

- 将来 何に なりたいですか。 장래에 뭐가 되고 싶습니까?
- 医者に なりたいです。 의사가 되고 싶습니다.
- デザイナーに なりたいです。 디자이너가 되고 싶습니다.
- 作家に なりたく ありません。 작가가 되고 싶지 않습니다.

単語

- 医者(いしゃ) 의사

い형용사에 접속할 때는 「～くなる」(～해지다), な형용사에 접속할 때는 「～になる」(～해지다) 형태로 쓰인다.

• その子(こ)は どんどん かわいく なりました。
그 애는 점점 예뻐졌습니다.

• やさいが すきに なりました。
야채가 좋아졌습니다.

単語
· 子(こ) 아이
· どんどん 자꾸자꾸
· やさい 야채

3 유용한 표현

❶ がんばって(ね)! 열심히 해요! 힘내요!

「がんばって」는 열심히 하라고 격려할 때 많이 쓴다. 끝에 「ね」를 붙이면 "열심히 해요, 응?"하고 한 번 더 다짐하는 뉘앙스가 있다. 운동회 등에서 「がんばれ!」라고 쓰여진 현수막을 볼 수 있는데, '힘내라, 이겨라!'의 뜻이다. 「がんばって」는 친구나 손아랫사람에게 하는 말이고, 보통 회화에서는 「がんばってください」라고 한다.

A: あした めんせつが あります。 내일 면접이 있어요.
B: がんばってください。 힘내세요.

単語
· めんせつ 면접

❷ ファイト!! 화이팅!

우리는 '화이팅!'이라고 하는데, 일본어로는 「ファイト!」라고 한다. 발음에 주의.

14

말하기

何(なに)に なりたいですか。何(なに)が したいですか。

単語
- 旅行(りょこう) 여행
- 作(つく)る 만들다
- 宇宙(うちゅう) 우주

1	2	3
 先生(せんせい)	 歌手(かしゅ)	 医者(いしゃ)
4	**5**	**6**
 世界旅行(せかいりょこう)を する	 映画(えいが)を 作(つく)る	 宇宙(うちゅう)に 行(い)く

듣기

Track 44

1 두 사람은 무엇을 먹으러 갑니까? 듣고 답하세요.

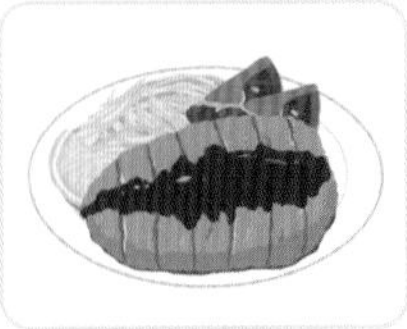
①

②

③

④

単語
· 日本食(にほんしょく) 일본 음식

2 타로가 하고 싶어 하지 않는 것은 몇 번입니까? 듣고 답하세요.

① ____________　　② ____________

③ ____________　　④ ____________

3 타카시의 꿈은 무엇입니까?

①

②

③

④

확인문제

1 다음 문장을 「**~たいです**」형으로 바꾸세요.

❶ 私は 映画(えいが)を 見(み)ます。

→ ________________________________。

❷ 私は 旅行(りょこう)に 行(い)きます。

→ ________________________________。

❸ デジカメを 買(か)います。

→ ________________________________。

❹ 一日中(いちにちじゅう) 寝(ね)ます。

→ ________________________________。

❺ おいしい すしを 食(た)べる。

→ ________________________________。

単語

· デジカメ 디지털카메라

· 一日中(いちにちじゅう) 하루종일

2 예와 같이 「~たくないです(~たくありません)」형으로 대답하세요.

❶ 勉強(べんきょう)する 공부하다	❷ 病院(びょういん)に 行(い)く 병원에 가다	勉強(べんきょう)したいですか。
❸ お見合(みあ)いを する 선을 보다	お見合(みあ)いをしたいですか。	❹ いなかで 働(はたら)く 시골에서 일하다
英語(えいご)で 話(はな)したいですか。	❺ 英語(えいご)で 話(はな)す 영어로 말하다	❻ 日本(にほん)へ 行(い)く 일본에 가다

❶ 勉強(べんきょう)したいですか。 → いいえ、勉強(べんきょう)したくないです。(たくありません)

❷ 病院(びょういん)に 行(い)きたいですか。 →

❸ お見合(みあ)いを したいですか。 →

❹ いなかで 働(はたら)きたいですか。 →

❺ 英語(えいご)で 話(はな)したいですか。 →

❻ 日本(にほん)へ 行(い)きたいですか。 →

単語

- お見合(みあ)いを する 선을 보다
- いなか 시골
- 働(はたら)く 일하다
- 英語(えいご) 영어
- 話(はな)す 말하다

unit 15

持(も)ち出(だ)しては いけません。

도서관에서

すみません。この 本(ほん)、持(も)って行(い)っても いいですか。

館内(かんない)での 読書(どくしょ)は 大丈夫(だいじょうぶ)ですよ。

では、外(そと)へ 持(も)ち出(だ)しては いけませんか。

外(そと)へ 持(も)ち出(だ)しては いけません。

あちらの カウンターで かし出(だ)しの 手続(てつづ)きを して ください。

(カウンターで) すみません。かし出(だ)しを おねがいします。

こちら 一冊(いっさつ)ですね。

こちらに お名前(なまえ)と お電話番号(でんわばんごう)を 書(か)いて ください。

はい。

この 本(ほん)は あさってまでです。期限(きげん)は 守(まも)って くださいね。

はい、わかりました。

ありがとうございました。

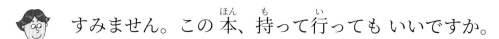

Track 45

신타로	여기요, 이 책 가지고 가도 돼요?
직원 1	관내에서의 독서는 괜찮습니다.
신타로	그럼 밖으로 가지고 가면 안 돼요?
직원 1	밖으로 가지고 가면 안 됩니다. 저쪽 카운터에서 대여 절차를 밟아 주세요.
-카운터에서-	
신타로	여기요, (책을 건네면서) 대출 부탁합니다.
직원 2	여기 한 권이시지요? 이쪽에 성함과 전화번호를 써 주세요.
신타로	네.
직원 2	이 책은 모레까지예요. 기한은 지켜 주세요.
신타로	네, 알겠습니다. 고맙습니다.

単語

- 持(も)って行(い)く 갖고 가다
- 館内(かんない) 관내
- 読書(どくしょ) 독서
- 持(も)ち出(だ)す 들고 나가다
- カウンター 카운터
- かし出(だ)し 대여
- 手続(てつづ)き 절차
- おねがいします 부탁합니다
- ～冊(～さつ) ~권
- お名前(なまえ) 성함(이름)
- 連絡先(れんらくさき) 연락처
- 期限(きげん) 기한
- 守(まも)る 지키다

Track 46

다음 그림의 밑줄 친 부분을 바꾸어 말해 보세요.

写真(しゃしん)を　とっても　いいですか。
사진을 찍어도 돼요?

ええ、とっても　いいです。
네, 찍어도 돼요.

写真(しゃしん)を　とっても
사진을 찍어도

本(ほん)を　かりても
책을 빌려도

大声(おおごえ)を　出(だ)しても
큰 소리를 질러도

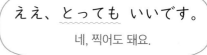

たばこを　すっても
담배를 피워도

문법 패턴 익히기

1 동사의 ~て형

동사에 우리말 '~(하)고, ~(해)서'에 해당하는 「て」가 붙을 때, 1류동사에서 어미가 일정한 규칙으로 바뀌는데, 그것을 음편(音便:おんびん)이라고 한다.

음편이란 가령 「かう(사다)」의 경우, 「て」가 붙으면 원래는 「かいて」가 되어야 하는데, 「かって」로 바뀌는 현상을 말한다.

て형에는 て뿐만 아니라 「た」(~했다), 「たり」(~하기도 하고), 「たら」(~하면)가 붙는다.

1류동사	① 어미가 う·つ·る		→	って	
	예 買(か)う	사다	…	買って	사고, 사
	待(ま)つ	기다리다	…	待って	기다리고, 기다려
	ふる	내리다	…	ふって	내리고, 내려
	② 어미가 ぬ·ぶ·む		→	んで	
	예 読(よ)む	읽다	…	読んで	읽고, 읽어
	飲(の)む	마시다	…	飲んで	마시고, 마셔
	遊(あそ)ぶ	놀다	…	遊んで	놀고, 놀아
	死(し)ぬ	죽다	…	死んで	죽고, 죽어
く·ぐ로 끝나는 동사는 어미가 い로 바뀌는 것은 똑같고, 다만, ぐ는 뒤에 て에 영향을 주어 で가 되었다.	③ 어미가 く / ぐ		→	いて / いで	
	예 書(か)く	쓰다	…	書いて	쓰고, 써
	急(いそ)ぐ	서두르다	…	急いで	서두르고, 서둘러
	예외 行(い)く	가다	…	行って	가고, 가
す로 끝나는 동사는 음편현상이 없고, ます형과 같다.	④ 어미가 す		→	して	
	예 話(はな)す	말하다	…	話して	말하고, 말해
2류동사	어미 る		→	て	
2류동사와 3류동사는 ます형과 같다.	예 見(み)る	보다	…	見て	보고, 봐
	食(た)べる	먹다	…	食べて	먹고, 먹어
3류동사	예 来(く)る	오다	…	来(き)て	오고, 와
	する	하다	…	して	하고, 해

확인연습

▸ 다음 동사를 て형으로 바꾸세요. (ひらがなで 쓰기)

① 行(い)く → いって
② 読(よ)む → ______
③ 書(か)く → ______
④ 買(か)う → ______
⑤ 帰(かえ)る → ______
⑥ 待(ま)つ → ______
⑦ 起(お)きる → ______
⑧ 見(み)る → ______
⑨ する → ______
⑩ 来(く)る → ______
⑪ 勉強(べんきょう)する → ______

2 ～て行く / 来る / 帰る 해 가다 / 오다 / 돌아가다

동사 て형에 「～て行く / て来る / て帰る」가 연결된 형태다.

· もつ 가지다 + いく 가다 → もっていく 가져가다
· かう 사다 + くる 오다 → かってくる 사오다
· かう 사다 + かえる 돌아가다 → かってかえる 사오다, 사가다

· 中国(ちゅうごく)で お茶(ちゃ)を かってきました。
중국에서 차를 사 왔습니다.

· 日本(にほん)に いる 家族(かぞく)に お土産(みやげ)を かってかえります。
일본에 있는 가족에게 선물을 사 갑니다.

15

문법 패턴 익히기

3 ～ても いいです ～해도 됩니다 <허가>

같은 뜻으로 「～ても かまいません」(～해도 상관없습니다)도 있다.

A：この おかしは 食(た)べても いいですか。 이 과자는 먹어도 됩니까?

B：はい、食(た)べても いいです。 네, 먹어도 됩니다.

A：この 本(ほん)は 見(み)ても いいですか。 이 책은 봐도 됩니까?

B：見(み)ても かまいません。 봐도 괜찮습니다. (봐도 됩니다.)

4 ～ては いけません ～하면 안 됩니다 <금지>

'～해서는 안 된다, ～하면 안 된다'는 뜻의 금지를 나타낸다.

• ここで 写真(しゃしん)を とっては いけません。
  여기서 사진을 찍으면 안 됩니다.

• ここに 駐車(ちゅうしゃ)しては いけません。
  여기에 주차해서는 안 됩니다.

単語
· 駐車(ちゅうしゃ)する
주차하다

5 ～て ください ～해 주세요

동사 て형에 「ください」(주세요)를 접속한 것으로 '～해 주세요'란 뜻의 의뢰표현이다. 「ください」는 「水(みず)を ください」(물을 주세요) 처럼 단독으로도 쓴다.

• 前(まえ)を 見(み)て ください。 앞을 봐 주세요.

• ここを 持(も)って ください。 여기를 들어 주세요.

▶ 본문의 「…守って くださいね」는 下さい에 ね를 붙여 확인이나 다짐을 나타낸다.

▶ 前(まえ)는 시간적으로는 '전', 위치를 나타낼 때는 '앞'이란 뜻.

6 유용한 표현

❶ 大丈夫です 괜찮습니다.

「大丈夫(だいじょうぶ)」는 '괜찮다'는 뜻으로 허용이나 허락을 나타내지만, 경우에 따라서는 거절을 나타내기도 한다. 또, 상대방이 다쳤거나 했을 때 괜찮냐고 물을 때도 쓴다.

A: コーヒー いかがですか。 커피 어떠세요?(드시겠어요?)

B: いいえ、大丈夫(だいじょうぶ)です。 아뇨, 괜찮아요. <거절>

A: これを さわっても 大丈夫(だいじょうぶ)ですか。 이것 만져도 괜찮아요?

B: はい、大丈夫(だいじょうぶ)ですよ。 네, 괜찮아요. <허가>

▶ 우리말의 '괜찮다'는 다양하게 쓰이기 때문에 모든 경우에 「大丈夫」로 바꿀 수는 없다. 가령, '괜찮은 사람', '수입이 괜찮다'는 각각 「いい ひと」(좋은 사람) 「収入(しゅうにゅう)が いい」(수입이 좋다)와 같이 표현한다.

単語

- コーヒー 커피
- いかがですか 어떠세요?
  (どうですか의 정중한 표현)
- さわる 만지다

❷ おねがいします 부탁합니다.

상대방에게 어떤 부탁을 할 때 가장 편리하게 쓸 수 있는 말이다.

- あちらで かし出(だ)しの てつづきを して ください。 저쪽에서 대출 수속을 해주세요.

  → あちらで かし出(だ)しの てつづきを おねがいします。

- あさってまでに かえして ください。 모레까지 반환해 주세요.

  → あさってまでに おねがいします。

물건을 살 때 「これを ください」라고 하는데, 「おねがいします」를 써서 「これを(これで) おねがいします」라는 표현도 많이 쓴다.

말하기

しても いいですか。 여기는 동물원. 해도 되는 것과 하면 안 되는 것은 뭐가 있을까요?

大声(おおごえ)を 出(だ)しても いいですか。

はい、大声(おおごえ)を 出(だ)しても いいです。

いいえ、大声(おおごえ)を 出(だ)しては いけません。

❶ 

大声(おおごえ)を 出(だ)す
큰 소리를 지르다 →

❷ 

動物(どうぶつ)に えさを あげる
동물에게 먹이를 주다 →

❸ 

しばふに 入(はい)る
잔디밭에 들어가다 →
＊入(はい)る는 1류동사

❹ 

写真(しゃしん)を とる
사진을 찍다 →

❺ 

動物(どうぶつ)を さわる
동물을 만지다 →

単語
- えさ 먹이
- しばふ 잔디밭

듣기

Track 47

1 잘 듣고 해도 되는 것을 모두 ✔ 하세요.

①	②	③	④

単語
· 日記(にっき) 일기

2 잘 듣고 그 내용를 나타내는 그림을 고르세요.

① • ② • ③ • ④ •

• • • •

a	b	c	d

3 점원은 고객에게 무엇을 하라고 했습니까? 잘 듣고 해당하는 것을 고르세요.

①	②	③	④
주소: 이름:	이름: 전화번호:	전화번호: 주소:	이름:

확인문제

1 다음 문장을 「**～ても いいです**」형으로 바꾸세요.

예 本(ほん)を 見(み)る。 → 本を 見ても いいです。

1 おかしを 食(た)べる。 → ____________________

2 さきに ごはんを 食(た)べる。 → ____________________

3 写真(しゃしん)を 見(み)る。 → ____________________

4 さきに 帰(かえ)る。 → ____________________

5 自由(じゆう)に 持(も)って帰(かえ)る。 → ____________________

2 다음 문장을 「**～しては いけません**」형으로 바꾸세요.

예 写真(しゃしん)を とる。 → 写真を とっては いけません。

1 作品(さくひん)に 手(て)を ふれる。 → ____________________

2 大声(おおごえ)を 出(だ)す。 → ____________________

3 たばこを すう。 → ____________________

4 走(はし)り回(まわ)る。 → ____________________

5 食(た)べ物(もの)を 持(も)ちこむ。 → ____________________

3 다음 문장을 「~て ください」형으로 바꾸세요.

예 ここに 名前(なまえ)を 書(か)く。 → ここに 名前を 書いて ください。

1 サインを する。 → ______________

2 9時(くじ)までに もどる。 → ______________

3 順番(じゅんばん)を 守(まも)る。 → ______________

4 おもちゃを 買(か)う。 → ______________

5 ちょっと 手伝(てつだ)う。 → ______________

15

単語

- 作品(さくひん) 작품
- 手(て)を ふれる 손을 대다
- 走(はし)り回(まわ)る 뛰어다니다
- 持(も)ちこむ 가지고 들어가다
- サインを する 사인을 하다
- 順番(じゅんばん) 차례, 순서
- おもちゃ 장난감
- ちょっと 조금, 잠깐
- 手伝(てつだ)う 돕다, 거들다

unit 16 何(なに)を して いますか。

존이 메일을 보내고 있는 것을 본 신타로.

ジョンさん、何(なに)を して いますか。

アメリカに いる 友(とも)だちに メールを 書(か)いて います。

彼女(かのじょ)ですか。

はい。

(사진을 보고) うわ、きれいな 人(ひと)ですね。

彼女(かのじょ)は アメリカで 小学校(しょうがっこう)の 先生(せんせい)を して います。
性格(せいかく)も 明(あか)るくて、とても かわいい 人(ひと)ですよ。

電話(でんわ)も よく かけますか。

いいえ、電話(でんわ)は あまり かけません。
１ケ月(いっかげつ)に 1(いち)~2回(にかい)ぐらいです。その代(か)わり メールは 毎日(まいにち) 送(おく)って いますよ。

Track 48

신타로	존 씨 뭐 해요?
존	미국에 있는 친구한테 메일 쓰고 있어요.
신타로	여자 친구예요?
존	네.
신타로	우와~ 예쁘네요.
존	여자 친구는 미국에서 초등학교 선생님을 하고 있어요. 성격도 밝고 아주 귀여운 사람이에요.
신타로	전화도 자주 걸어요?
존	아뇨, 전화는 별로 안 해요. 한 달에 한두 번 정도예요. 대신에 메일은 매일 보내요.

単語

- アメリカ 미국
- いる 있다
- メール 메일
- 彼女(かのじょ) 여자친구
- 小学校(しょうがっこう) 초등학교
- 性格(せいかく) 성격
- とても 아주, 매우
- よく 자주
- かける 걸다
- あまり(+부정) 별로
- 1ケ月(いっかげつ)に 한 달에
- その代(か)わり (그)대신에
- 毎日(まいにち) 매일
- 送(おく)る 보내다

다음 그림의 밑줄 친 부분을 바꾸어 말해 보세요.

Track 49

16

何(なに)を していますか。
뭐 해요?
テレビを 見(み)ています。
TV를 보고 있어요.

テレビを 見(み)る
TV를 보다

ごはんを 食(た)べる
밥을 먹다

勉強(べんきょう)を する
공부를 하다

音楽(おんがく)を 聞(き)く
음악을 듣다

문법 패턴 익히기

1 ～ている ～하고 있다

「～ている」는 동사 て형에 접속하여 진행이나 상태를 나타낸다. 우리말과 거의 쓰임새가 비슷하므로 다음 기능별로 나누어진 예문을 중심으로 살펴보자.

❶ 진행 : 동작이나 작용을 나타내는 동사에 붙어, 현재 진행중임을 나타낸다.

- ごはんを 食(た)べて います。 밥을 먹고 있습니다.
- テレビを 見(み)て います。 TV를 보고 있습니다.

❷ 습관 : 반복적인 행동이나 습관 등을 나타낸다.

- 私(わたし)は 毎日(まいにち) スポーツを して います。 나는 매일 운동을 하고 있습니다.
- いつも ここで 本(ほん)を 買(か)って います。 늘 여기서 책을 사고 있습니다.

❸ 상태 : 단순한 상태를 나타내는 것으로 항상 ている형으로 쓰인다.

- 私は 父(ちち)に 似(に)て います。 나는 아버지를 닮았습니다. 조사 に에 주의
- 私は スウォンに 住(す)んで います。 나는 수원에 삽니다. 조사 に에 주의

❹ 완료 : 동작이 완료된 상태를 나타낸다. 우리말로는 주로 과거형으로 번역된다.

- 私は 大学院(だいがくいん)を 卒業(そつぎょう)して います。 나는 대학원을 졸업했습니다.
- さくらの 花(はな)が さいて います。 벚꽃이 피어 있습니다.
- 中村(なかむら)さんは すでに 来(き)て います。 나카무라 씨는 벌써 와 있습니다.

❺ 경험 : 과거의 경험을 나타낸다. 우리말로는 과거형으로 번역되므로 주의가 필요하다.

- 日本(にほん)へは もう 3度(さんど) 行(い)って います。 일본에는 이미 세 번 갔었습니다.
- 何度(なんど)も インターネットで 買(か)い物(もの)を して いる。 몇 번이나 인터넷으로 쇼핑을 했다.

❻ **착용** : 착용에 관한 말과 같이 쓰인다. 현재 진행을 나타낼 수도 있지만, 묘사에서는 상태를 나타낸다.

- 中村(なかむら)さんは めがねを かけて います。 나카무라 씨는 안경을 썼습니다.
- 田中(たなか)さんは 赤(あか)い 服(ふく)を 着(き)て います。 다나카 씨는 빨간 옷을 입었습니다.

❼ **「～を して いる」** : 직업을 나타내는 명사에 붙어 현재의 직업을 나타낸다.

- 私の 父(ちち)は 警察官(けいさつかん)を して います。 우리 아버지는 경찰관을 하고 계십니다.
- 彼女(かのじょ)は デザイナーを して います。 그녀는 디자이너(일)를 하고 있습니다.

2 빈도를 나타내는 말

- 彼(かれ)は いつも ぼうしを かぶって います。 그는 늘 모자를 쓰고 있습니다.
- 私は よく 映画(えいが)を 見(み)ます。 나는 자주 영화를 봅니다.
- 妹(いもうと)は ときどき 旅行(りょこう)に 行(い)きます。 여동생은 가끔 여행을 갑니다.
- 勉強(べんきょう)は あまり しません。 공부는 별로 안 합니다.
- たばこは ぜんぜん すいません。 담배는 전혀 안 피웁니다.

참고
週2回(しゅうにかい) 주 2회
1ケ月(いっかげつ)に 1回(いっかい) 한 달에 한 번
年4回(ねんよんかい) 년 4회

A : よく スポーツを しますか。 자주 운동을 하세요?
B_1 : よく します。 자주 합니다.
B_2 : ときどき します。 가끔 합니다.
B_3 : あまり しません。 별로 안 합니다.
B_4 : ぜんぜん しません。 전혀 안 합니다.

문법 패턴 익히기

3 명사수식형

명사 앞에서 명사를 꾸미는 형태를 명사수식형이라고 한다. ナ형용사는 「-な」형태로, イ형용사와 동사는 기본형으로 명사를 수식한다.

❶ ナ형용사 + 명사

- きれいだ 예쁘다 + 人(ひと) → きれいな 人(ひと) 예쁜 사람
- 得意(とくい)だ 잘하다 + 料理(りょうり) → 得意(とくい)な 料理(りょうり) 잘하는 요리

❷ イ형용사 + 명사

- おもしろい 재미있다 + 人(ひと) → おもしろい 人(ひと) 재미있는 사람
- 安(やす)い 싸다 + りんご → 安(やす)い りんご 싼 사과

❸ 동사 + 명사

동사는 명사를 수식할 때 「기본형(-る)」의 형태를 취한다. 이 과에서 배운 「~ている」도 이 형태 그대로 뒤의 명사를 수식할 수 있다.

- ピアノを ひく + 人(ひと) → ピアノを ひく 人(ひと)
  피아노를 치다 → 피아노를 치는 사람
- ピアノを ひいている + 人(ひと) → ピアノを ひいている 人(ひと)
  피아노를 치고 있다 → 피아노를 치고 있는 사람

명사가 명사를 수식할 때는 「の」가 붙는다.

ソニーの 人(ひと) : 소니 사람(소니에 다니는 사람, 소니에서 온 사람)

심화학습

▶ 활용형에 대해 : 동사의 형태를 보고 기본형, 사전형, 종지형, ます형 등 여러 이름이 붙는데, 그 활용형태에 대해 정리하면 다음과 같다.

	활용예	뜻	활용형 이름	
1류동사	いかない	가지 않다	ない형(부정형, 미연형)	
	いきます	갑니다	ます형(연용형)	
	いく	가다, 갈	기본형(종지형, 사전형)	
	いけば	가면	가정형	
	いこう	가자	의지형	
2류동사	みない	보지 않는다		
	みます	봅니다		
	みる	보다, 볼		
	みれば	보면		
	みよう	보자		
3류동사	こない	오지 않는다	しない	하지 않는다
	きます	옵니다	します	합니다
	くる	오다, 올	する	하다, 할
	くれば	오면	すれば	하면
	こよう	오자	しよう	하자

▶ 활용형 이름에 왜 て형은 없을까?

て형은 원래 ます형에 접속하지만, 1류동사의 경우 발음하기 쉽게 음편현상이 일어나는 것이다.
2류동사와 3류동사의 경우 て형이나 ます형이나 같다.

예 いく → いきて → いって

16

単語

- ～に 似(に)る ～를 닮다
- ～に 住(す)む ～에 살다
- 大学院(だいがくいん) 대학원
- 卒業(そつぎょう)する 졸업하다
- 花(はな)が さく 꽃이 피다
- すでに 이미, 벌써
- なんども 여러번
- インターネット 인터넷
- めがねを かける 안경을 쓰다
- 服(ふく) 옷
- ピアノを ひく 피아노를 치다

말하기

何(なに)を していますか。 다음 단어를 이용하여 예와 같이 말해 보세요.

何(なに)を して いますか。

1

예 テレビを 見(み)ています。

テレビを 見(み)る

2

勉強(べんきょう)を する

3

電話(でんわ)を かける

4

音楽(おんがく)を 聞(き)く

5

本(ほん)を 読(よ)む

6

写真(しゃしん)を とる

7

ごはんを 食(た)べる

8

料理(りょうり)を する

듣기

Track 50

1 잘 듣고 맞는 것끼리 선으로 이으세요.

❶  ゆうこさん ・　　・ a 

❷  たかしさん ・　　・ b 

❸  えりこさん ・　　・ c 

❹  スミスさん ・　　・ d 

❺  キムさん ・　　・ e 

2 잘 듣고 다음 해당하는 칸에 ✔ 하세요.

	よく	ときどき	あまり	ぜんぜん
❶ スポーツ		✔		
❷ えいが				
❸ おさけ				
❹ かいもの				

16

확인문제

1 다음 문장을 「~て います」형으로 바꾸세요.

예 本(ほん)を 読(よ)む。 → 本を 読んで います。

1 ごはんを 食(た)べる。 → ______________________

2 ぼうしを かぶる。 → ______________________

3 釜山(プサン)に 住(す)む。 → ______________________

4 先生(せんせい)を する。 → ______________________

2 다음 문장을 보고 빈도가 높은 것부터 순서대로 번호를 쓰세요.

1 ときどき 本(ほん)を 買(か)います。

2 朝(あさ)ごはんは いつも 食(た)べます。

3 私(わたし)は よく 買(か)い物(もの)に 行(い)きます。

4 映画(えいが)は あまり 見(み)に 行(い)きません。

( ) → ( ) → ( ) → ( )

3 다음 문장에서 틀린 부분을 알맞게 고치세요.

1 예쁜 사람을 좋아합니다.

きれい 人(ひと)が 好(す)きです。 → ______________________

2 넓은 집으로 이사합니다.

広(ひろ)いな 家(いえ)に ひっこします。 → ______________________

3 조용한 곳에 갑시다.

静(しず)かだ 所(ところ)に 行(い)きましょう。 → ______________________

4 학교 친구가 (우리)집에 왔다.

学校(がっこう) ともだちが 家(いえ)に 来(き)た。 → ______________________

5 싼 것을 삽시다.

安(やす)く ものを 買(か)いましょう。 → ______________________

16

単語

· ぼうしを かぶる 모자를 쓰다
· ひっこす 이사하다

unit 17

行(い)った ことが ありません。

안면도 여행에 대해 박중태와 신타로가 이야기하고 있습니다.

パクさん、アンミョンド旅行(りょこう)は どうでしたか。

とても よかったですよ。静(しず)かで、空気(くうき)も きれいでした。

かにや ヒトデも いましたよ。

うわぁ～、本当(ほんとう)に おもしろそうですね。

はい。一度(いちど)は 行(い)った ほうが いいですよ。

しんたろうくんは、韓国(かんこく)に 来(き)て どこか 行(い)きましたか。

いえ、まだ どこにも 行(い)った ことが ありません。

でも 夏休(なつやす)みには どこかへ 行(い)きたいですね。

では、ぜひ アンミョンドに 行(い)って みて ください。

Track 51

신타로	박중태 씨, 안면도 여행 어땠어요?
박중태	아주 좋았어요. 조용하고, 공기도 맑았어요. 게나 불가사리도 있었고요.
신타로	우와~ 정말 재미있었겠네요.
박중태	네, 한번 가보는 게 좋아요. 신타로 군은 한국에 와서 어디 여행했어요?
신타로	아뇨, 아직 아무 데도 못 가봤어요. 하지만, 여름방학 때는 어디 가보고 싶어요.
박중태	그럼, 꼭 안면도에 가보세요.

▶ きれいだ는 '예쁘다'란 뜻도 있음.

単語

- アンミョンド 안면도
- 空気(くうき) 공기
- きれいだ 깨끗하다
- ～や ～랑(열거할 때)
- 本当(ほんとう)に 정말로
- おもしろそうですね 재미있겠네요
- 一度(いちど)は 한번은
- まだ 아직(반 もう)
- どこにも 아무데도
- こと 일, 것, 적
- どこかへ 어딘가로
- 夏休(なつやす)み 여름방학
- ぜひ 꼭
- 行(い)ってみる 가보다

Track 52

다음 그림의 밑줄 친 부분을 바꾸어 말해 보세요.

日本(にほん)に 行(い)った ことが ありますか。 일본에 간 적 있어요?

はい、行(い)った ことが あります。 네, 간 적 있어요.

17

日本(にほん)
일본

中国(ちゅうごく)
중국

チェジュド
제주도

ソラクサン
설악산

문법 패턴 익히기

1 どうでしたか 어땠어요?

「どうでしたか」는 「どうですか」(어때요?)의 과거형이다. 이 과에서는 각 품사의 과거형에 대해 알아보자.

❶ い형용사의 과거형 **ーかった**

イ형용사에 과거형은 어미 い를 떼고 「かった」를 붙여 주면 된다. 즉, イ형용사에 과거를 나타내는 「た」가 붙을 때는 어미 「い」가 「かっ」으로 바뀐다.

たかい 비싸다	**たかかった** 비쌌다	**たかかったです** 비쌌습니다
たかくない 비싸지 않다	**たかくなかった** 비싸지 않았다	**たかくなかったです=たかくありませんでした** 비싸지 않았습니다

* **いい/よい** 좋다	**よかった** 좋았다	**よかったです** 좋지 않다
よくない 좋지 않다	**よくなかった** 좋지 않았다	**よくなかったです=よくありませんでした** 좋지 않았습니다

A: 旅行(りょこう) どうでしたか。　　여행 어땠어요?

B: とても よかったです。　　아주 좋았어요.

- 動物園(どうぶつえん)は 人(ひと)が 多(おお)かったです。　　동물원은 사람이 많았어요.
- 動物園(どうぶつえん)は 人(ひと)が 多(おお)く なかったです。　　동물원은 사람이 많지 않았어요.

❷ な형용사의 과거형 **ーだった**

な형용사에 과거형은 사전형에 「だった」를 붙여 주면 된다.

しずかだ 조용하다	**しずかだった** 조용했다	**しずかでした = しずかだったです** 조용했습니다
しずかではない 조용하지 않다	**しずかではなかった** 조용하지 않았다	**しずかではなかったです=しずかではありませんでした** 조용하지 않았습니다

A：テストは どうでしたか。　　시험은 어땠어요?

B1：簡単(かんたん)でした。　　간단했어요.(쉬웠어요.)

B2：簡単(かんたん)では ありませんでした。　　간단하지 않았어요.(쉽지 않았어요.)

심화학습

▶ 명사의 경우 : な형용사와 활용방법이 같다.

가령「しずかだ」(조용하다)의 경우, 사전에는「しずか」까지만 나오는데, 여기에「だった」를 붙이면 되고, 명사도「人」(사람)에「だった」를 붙이면「人だった」(사람이었다)가 된다.

- 父(ちち)は 医者(いしゃ)です。　　아버지는 의사입니다.
- 父(ちち)は 医者(いしゃ)でした。　　아버지는 의사였습니다.
- 今日(きょう)は 私(わたし)の たん生日(じょうび)では ありません。　　오늘은 나의 생일이 아닙니다.
- 昨日(きのう)は 私(わたし)の たん生日(じょうび)では ありませんでした。　　어제는 나의 생일이 아니었습니다.

2 동사의 た형(과거형)

동사의 た형은 て형과 마찬가지로 1류동사에서 음편현상이 일어난다.

1류동사	**読(よ)む**	읽다	**よんで**	읽고, 읽어	**よんだ**	읽었다
	会(あ)う	만나다	**あって**	만나고, 만나	**あった**	만났다
	行(い)く	가다	**いって**	가고, 가	**いった**	갔다
2류동사	**見(み)る**	보다	**みて**	가고, 가	**みた**	보았다
3류동사	**来(く)る**	오다	**きて**	가고, 가	**きた**	왔다
	する	하다	**して**	하고, 해	**した**	했다

문법 패턴 익히기

3 ～た ことが あります ～해본 적 있습니다

동사 た형에 접속하여 경험을 나타낸다. 반대로 '～해본 적이 없습니다'는 「～た ことが ありません(ないです)」.

- 私(わたし)は 中国(ちゅうごく)に 行(い)った ことが あります。 저는 중국에 가 본 적이 있습니다.
- ピラミッドを 見(み)た ことが ありますか。 피라미드를 본 적이 있습니까?
- 宝(たから)くじが あたった ことが あります。 복권에 당첨된 적이 있습니다.
- 彼女(かのじょ)は 料理(りょうり)を した ことが ありません。 그녀는 요리를 해 본 적이 없습니다.
- 私は 男性(だんせい)と つき合(あ)ったことが ないです。 저는 남성과 사귀어 본 적이 없습니다.

A : 中国(ちゅうごく)に 行(い)った ことが ありますか。 중국에 간 적 있어요?

B1 : はい、2回(にかい) 行(い)った ことが あります。 네, 두 번 간 적 있어요.

B2 : いいえ、まだ 行(い)った ことが ありません。 아뇨, 아직 간 적이 없어요.

4 ～た ほうが いいです ～하는 편이 좋아요

동사 た형에 접속하여 충고를 나타낸다. 「ほう(方)」는 '～쪽, 편'이란 뜻. 반대표현은 「동사의 부정형+ない ほうが いいです」(～하지 않는 편이 좋아요).

- 病院(びょういん)に 行(い)った ほうが いいです。 병원에 가는 게 좋습니다.
- タクシーで 行(い)った ほうが いいです。 택시로 가는 게 좋습니다.
- 正直(しょうじき)に 言(い)った ほうが いいです。 솔직하게 말하는 게 좋습니다.
- ゆっくり 休(やす)んだ ほうが いいです。 푹 쉬는 게 좋습니다.
- たばこは やめた ほうが いいです。 담배는 끊는 게 좋습니다.

5 동사의 ない형(부정형)

「ない」는 부정을 나타내는 조동사로 동사에 접속할 때는 어미가 あ단으로 바뀐다.

1류동사	어미를 あ단으로 바꾸고 ない를 붙인다.					
	예	買(か)う	사다	…	買わない	사지 않다
う로 끝나는 것만 특별히 わ로 바뀐다.		待(ま)つ	기다리다	…	待たない	기다리지 않다
		読(よ)む	읽다	…	読まない	읽지 않다
		遊(あそ)ぶ	놀다	…	遊ばない	놀지 않다
		帰(かえ)る	돌아가다	…	帰らない	돌아가지 않다
		話(はな)す	말하다	…	話さない	말하지 않다
2류동사	어미 る를 떼고 ない를 붙인다.					
	예	見(み)る	보다	…	見ない	보지 않다
		食(た)べる	먹다	…	食べない	먹지 않다
3류동사	예	来(く)る	오다	…	来(こ)ない	오지 않다
		する	하다	…	しない	하지 않다

- 今日(きょう)は 外(そと)に 出(で)ない ほうが いいです。 오늘은 밖에 안 나가는 게 좋습니다.
- お酒(さけ)は 飲(の)まない ほうが いいです。 술은 안 마시는 게 좋습니다.
- なにも 食(た)べない ほうが いいです。 아무것도 안 먹는 게 좋습니다.
- ひとりで 来(こ)ない ほうが いいです。 혼자서 오지 않는 게 좋습니다.

単語

- テスト 테스트, 시험
- ピラミッド 피라미드
- 宝(たから)くじ 복권
- あたる 적중하다, 당첨되다
- 男性(だんせい) 남성, 남자
- つき合(あ)う 사귀다
- 病院(びょういん) 병원
- 正直(しょうじき)に 정직하게
- 言(い)う 말하다
- ゆっくり 푹, 천천히
- たばこを やめる 담배를 끊다
- ひとりで 혼자서

17

말하기

1. 行(い)った ことが ありますか。 다음 단어를 이용하여 예와 같이 말해 보세요.

あなたは アメリカに 行った ことが ありますか。

はい、行った ことが あります。

いいえ、行った ことが ありません。

アメリカ
미국

カナダ
캐나다

オーストラリア
호주

イギリス
영국

フランス
프랑스

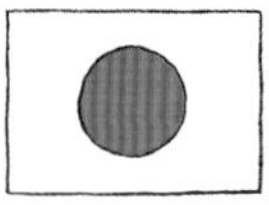
日本
일본

中国(ちゅうごく)
중국

タイ
태국

ベトナム
베트남

インド
인도

ドイツ
독일

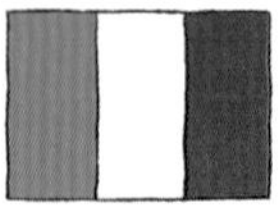
イタリア
이탈리아

インドネシア
인도네시아

香港(ホンコン)
홍콩

スイス
스위스

2. 行(い)った ほうが いいですよ。 다음 그림을 보고 적절한 충고를 해 보세요.

1 はが いたいです。
이가 아파요.

はいしゃに 行(い)った ほうが いいですよ。

なにも 食(た)べない ほうが いいですよ。

· はいしゃ 치과

2 ねつが あります。
열이 나요.

はやく 帰(かえ)った ほうが いいですよ。

おふろに はいらない ほうが いいですよ。

· はやく 빨리　· おふろに はいる 목욕을 하다

3 しょくよくが ありません。
식욕이 없어요.

すこし 運動(うんどう)した ほうが いいですよ。

ダイエットしない ほうが いいですよ。

· しょくよく 식욕　· すこし 조금
· ダイエット 다이어트

17

4 体調(たいちょう)が わるいです。
컨디션이 안 좋아요.

たばこを やめた ほうが いいですよ。

おさけを のまない ほうが いいですよ。

· 体調(たいちょう) 컨디션

5 めが よく みえません。
눈이 잘 안 보여요.

めがねを つくった ほうが いいですよ。

テレビを 近(ちか)くで 見(み)ない ほうが いいですよ。

· みえる 보이다　· 近(ちか)く 가까이

듣기

Track 53

1 잘 듣고 답하세요.

❶ 유코가 가 본 적이 있는 곳은?

a

b

c

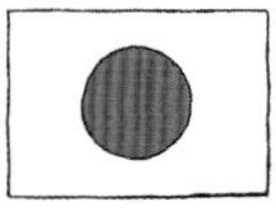
d

❷ 에리코가 타 본 적이 없는 것은?

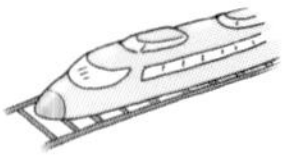
a. KTX

b. ひこうき

c. ふね

d. トラック

❸ 요시코가 본 유명한 사람은 어떤 사람입니까?

a

b

c

d

単語

- ゆうめいじん 유명인
- やきゅう 야구
- すもう 스모
- サッカー 축구
- バスケット 농구

2 다이어트가 성공한 비결은 무엇이라고 합니까? 맞는 것에 ✔ 하세요.

❶ あさごはん(아침)	たべた ほうが いい ☐	たべない ほうが いい ☐
❷ かんしょく(간식)	たべた ほうが いい ☐	たべない ほうが いい ☐
❸ おさけ(술)	のんだ ほうが いい ☐	のまない ほうが いい ☐
❹ うんどう(운동)	した ほうが いい ☐	しない ほうが いい ☐
❺ へんしょく(편식)	した ほうが いい ☐	しない ほうが いい ☐

확인문제

1 다음 질문에 대답하세요.

❶ 日本に 行った ことが ありますか。 ____________________。

❷ 宝くじが あたった ことが ありますか。 ____________________。

❸ 交通事故に あった ことが ありますか。 ____________________。

❹ 親と ケンカした ことが ありますか。 ____________________。

❺ アルバイトを した ことが ありますか。 ____________________。

2 다음 괄호 안의 동사를 적당한 형태로 바꿔 넣으세요.

❶ 薬を __________ ほうが いいです。(飲む)

❷ ごはんは きちんと __________ ほうが いいです。(食べる)

❸ はいしゃに __________ ほうが いいです。(行く)

❹ すこし __________ ほうが いいです。(運動する)

❺ たばこは __________ ほうが いいです。(吸う)

単語

- 宝(たから)くじが あたる 복권에 당첨되다
- 交通事故(こうつうじこ)に あう 교통사고를 당하다
- 親(おや) 부모
- ケンカする 싸우다
- アルバイト 아르바이트
- 薬(くすり) 약
- きちんと 규칙적으로

조사 총정리

지금까지 익힌 내용을 확인해 보세요.

조사	뜻	예문
~が	~이/가	これが 私(わたし)の かばんです。 이것이 제 가방입니다. 私(わたし)は プルコギが 大好(だいす)きです。 나는 불고기를 아주 좋아합니다.
~は	~은/는	それは けいたい電話(でんわ)です。 그건 휴대폰이에요.
~も	~도	ぼくも 本屋(ほんや)に 行(い)きます。 나도 서점에 가요.
~の	~의	あの 部屋(へや)は みきさんの 部屋(へや)です。 저 방은 미키 씨의 방입니다.
~を	~을/를	こちらに おなまえを 書(か)いてください。 이쪽에 이름을 써 주세요.
~や	~랑(열거)	かにや ヒトデも いました。 게랑 불가사리도 있었어요.
~に	~에	おばあちゃんは いなかに います。 할머니는 시골에 계십니다. ごご 7じに 会(あ)いましょう。 오후 7시에 만납시다. まいにち 図書館(としょかん)に 勉強(べんきょう)しに 行(い)きます。 매일 도서관에 공부하러 갑니다. 何(なに)に なりたいですか。 뭐가 되고 싶어요?
~へ	~에/로	どこへ 行きますか。 어디에 갑니까?
~と	~와	ジョンさんと いっしょに 旅行(りょこう)に 行(い)きます。 존과 같이 여행을 갑니다.

조사	뜻	예문
~で	~에서	図書館で 勉強します。 도서관에서 공부합니다.
	~로	バスで デパートに 行きます。 버스로 백화점에 갑니다.
~より	~보다	みかんより りんごの ほうが すきです。 귤보다 사과를 좋아합니다.
~から	~부터(출발점)	かいぎは 午前 11時から 午後 1時までです。 회의는 오전 11시부터 오후 1시까지입니다.
	~기 때문에	ねつが あるから 学校を 休みます。 열이 있어서 학교를 쉽니다.
~まで	~까지	この 本は あさってまでです。 이 책은 모레까지예요.
~くらい(ぐらい)	~정도	ここから 1時間半ぐらい かかります。 여기서 한 시간 반 정도 걸립니다.
~て	~(하)고	性格も 明るくて、とても かわいい 人ですよ。 성격도 밝고 아주 귀여운 사람이에요.
~か	~까?	これは 何ですか。 이건 뭐예요?
	~ㄴ가	今日 何か 予定 ありますか。 오늘 무슨 계획 있어요?
~ね	~네요, 지요	おもしろそうですね。 재미있겠네요.
~よ	~요(강조)	新しい モデルは もっと おおきいですよ。 새 모델은 더 커요.
~かな	~일까?	デパートより 本屋の ほうが いいかな。 백화점보다 서점 쪽이 좋을까?

TEST 1 [듣기]

Track 54

TEST	
듣기문제	/ 37
쓰기문제	/ 63
합계	/ 100

1. 잘 듣고, 짝이 되는 인사를 선으로 이으세요.

❶ •	• a ありがとう。
❷ •	• b おかえりなさい。
❸ •	• c いってらっしゃい。
❹ •	• d どうも。
❺ •	• e おはよう。

2. 잘 듣고 답하세요.

O X

❶ 이 남자의 이름은 '다카시'다. ☐

❷ 이 남자는 미국인이다. ☐

❸ 이 남자는 회사원이 아니다. ☐

❹ 이 남자는 대학생이다. ☐

3. 잘 듣고 해당하는 그림을 고르세요.

❶ ❷

TEST 1 [듣기]

a

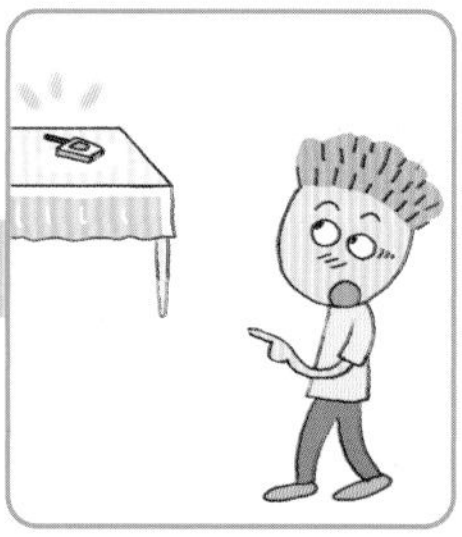

b

c

d

4. 잘 듣고 각 층에 해당하는 단어를 연결하세요.

3F •	• a しょくどう
2F •	• b じゅく
1F •	• c きっさてん

5. 잘 듣고 알맞은 그림을 고르세요.

❶

❷

❸

TEST 1 [듣기]

6. 잘 듣고 알맞은 그림을 고르세요.

❶ 유코는 어떤 음식을 좋아합니까?

1 

2 

3 

❷ 유코가 좋아하는 색깔은 무슨 색입니까?

1 

2 

3 

7. 잘 듣고 알맞은 그림을 고르세요.

1  ¥400

2  ¥400

3  ¥400

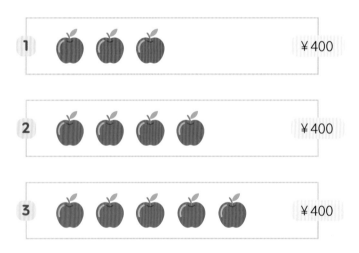

TEST 1 [듣기]

8. 잘 듣고 알맞은 그림을 고르세요.

1	2	3	4
4月6日 20才	4月8日 20才	4月6日 21才	4月8日 21才

9. 잘 듣고 답하세요.

❶ 이 남자는 가족이 몇 명입니까?

_______________。

❷ 이 남자는 형제가 어떻게 됩니까? 맞는 것에 체크하세요.

a. (　　) 2人兄弟

b. (　　) 3人兄弟

c. (　　) 4人兄弟

10. 잘 듣고 알맞은 그림을 고르세요.

❶ 에리코는 어디로 갑니까?

a

b
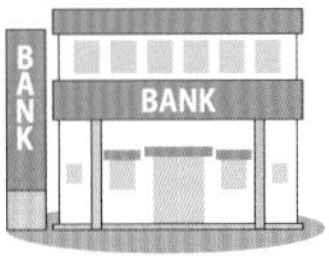

c

❷ 뭘로 갑니까?

a

b

c

TEST 1 [듣기]

11. 들리는 대로 쓰세요.

❶ 6時 [　　　] 7時 [　　　] 食事を します。

❷ 昨日 デパートに 行き [　　　]。

❸ いっしょに 映画を 見 [　　　]。

12. 잘 듣고 알맞은 것을 고르세요.

❶ 다카시가 가장 좋아하는 동물은 무엇입니까?

a

b

c

❷ 왜 좋아합니까?

a. ちいさいから。

b. はやいから。

c. かわいいから。

13. 잘 듣고 알맞은 것을 고르세요.

남자가 하고 싶은 것은 무엇입니까?

1

2

3

TEST 1 [듣기]

14. 잘 듣고 알맞은 것을 고르세요.

1  O X

2  O X

3  O X

15. 잘 듣고 해당하는 것끼리 연결하세요.

1. たかし
2. キム
3. けんじ

a 

b 

c 

16. 잘 듣고 관계가 있는 그림을 고르세요.

❶

a

b

c

❷

a

b

c

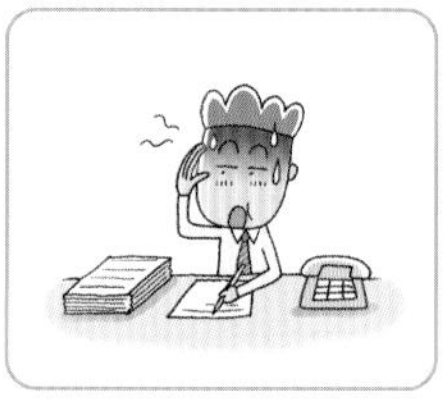

TEST 2 [쓰기]

1. 알맞은 인사를 쓰세요.

❶ 낮인사 ______________________。

❷ 식사할 때 ______________________。

❸ 집을 나갈 때 (외출) ______________________。

❹ 자기 전에 부모님께 ______________________。

❺ 자리를 양보할 때 ______________________。

❻ 남의 발을 밟았을 때 ______________________。

2. 다음 한자는 어떻게 읽습니까?

❶ 会社員 [　　　　]

❷ 韓国人 [　　　　]

❸ 高校生 [　　　　]

3. 일본어로 말하세요.

❶ 처음 뵙겠습니다. ______________________。

❷ 네, 그렇습니다. ______________________。

❸ 잘 부탁합니다. ______________________。

TEST 2 [쓰기]

4. 다음 그림을 보고 '~의 ~입니다' 문장을 만드세요.

❶ 

______________________________。

❷ 

______________________________。

❸ 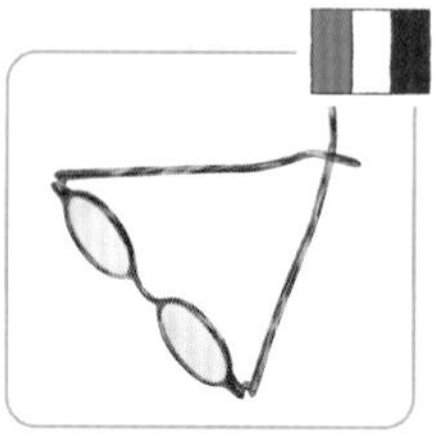

______________________________。

5. 그림을 보고 다음 대화문을 완성하세요.

1

A : ここは ___________ ですか。

B : ここは ___________ です。

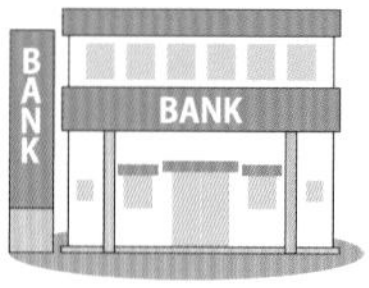

2

A : ここは ___________ ですか。

B : ここは ___________ です。

3

A : ここは ___________ ですか。

B : ここは ___________ です。

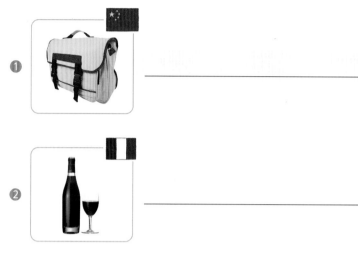

TEST 2 [쓰기]

6. 에리코는 어떤 사람입니까? 그림을 보고 쓰세요.

❶ 머리

＿＿＿＿＿＿＿＿＿＿。

❷ 눈

＿＿＿＿＿＿＿＿＿＿。

❸ 키

＿＿＿＿＿＿＿＿＿＿。

❹ 치마

＿＿＿＿＿＿＿＿＿＿。

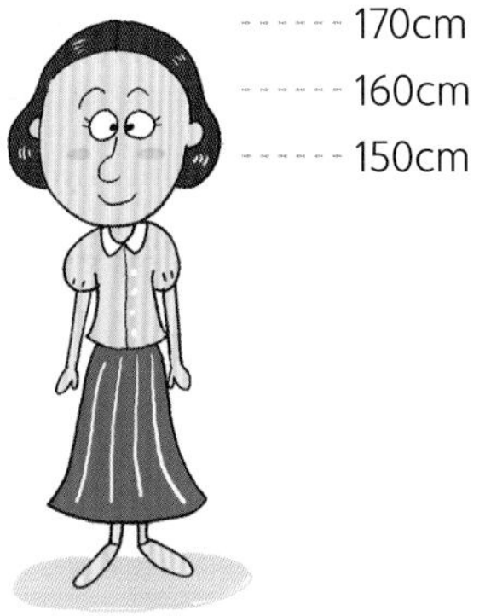

Word Box　ながい　おおきい　たかい　みじかい

7. 반대가 되는 단어를 올바른 위치에 써 넣으세요.

❶ すきだ

❷ とくいだ

❸ べんりだ

❹ じょうずだ

8. 그림을 보고 빈칸에 들어갈 말을 써 넣으세요.

1  ¥400

パイナップルは ＿＿＿

＿＿＿＿＿＿＿＿えんです。

2  ¥350

ももは ＿＿＿ で

＿＿＿＿＿＿＿＿えんです。

TEST 2 [쓰기]

3 

りんごは ＿＿＿ で

＿＿＿＿＿＿＿＿＿＿＿ えんです。

9. (　　)안에 들어갈 알맞은 말을 히라가나로 써 넣으세요.

❶ 月曜日 → [　　　] → 水曜日

❷ [　　　] → 昨日 → 今日

❸ 昨年 → 今年 → [　　　]

❹ 九日 → [　　　] → 十一日

❺ 三月 → [　　　] → 五月

10. 다음 그림을 보고 답을 써 넣으세요.

1 

木(き)の ＿＿ に とりが ＿＿＿＿＿。

2 

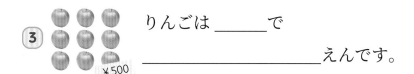

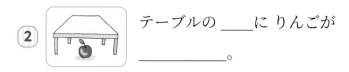

テーブルの ＿＿ に りんごが

＿＿＿＿＿。

TEST 2 [쓰기]

11. 다음 사진에 올바른 호칭을 넣으세요.

12. 다음 한국어를 일본어로 바꾸세요.

❶ 오늘 생일이 아닙니까?

________________________________。

❷ 집으로 갑니다.

________________________________。

❸ 택시로 은행에 갑니까?

________________________________。

TEST 2 [쓰기]

13. 몇 시인지 맞는 것을 고르세요.

いま なんじですか。

❶  いま いちじ / しちじ です。

❷  いま よんじ / よじ です。

❸  いま きゅうじ / くじ です。

14. 다음 그림을 보고 문장을 만드세요.

1  >  はやい

→

2  >  おおい

→

Word Box うさぎ かめ もも りんご

TEST 2 [쓰기]

15. 다음 그림을 보고 대답하세요.

何に なりたいですか。

① ＿＿＿＿＿＿＿＿になりたいです。

② ＿＿＿＿＿＿＿＿になりたいです。

③ ＿＿＿＿＿＿＿＿になりたいです。

16. 그림을 보고 문장을 만드세요.

①

＿＿＿＿＿＿＿＿＿＿＿＿＿＿＿＿。

②

＿＿＿＿＿＿＿＿＿＿＿＿＿＿＿＿。

③

＿＿＿＿＿＿＿＿＿＿＿＿＿＿＿＿。

TEST 2 [쓰기]

17. 삼각형이 가리키는 단어를 이용하여 적절한 문장을 만드세요.

ぜんぜん　あまり　ときどき　よく　いつも

▲ (ぜんぜん)

① 映画(えいが)を 見(み)ますか。

→ ＿＿＿＿＿＿＿＿＿＿＿＿＿＿＿＿＿＿＿＿。

ぜんぜん　あまり　ときどき　よく　いつも

▲ (ときどき)

② 料理(りょうり)を しますか。

→ ＿＿＿＿＿＿＿＿＿＿＿＿＿＿＿＿＿＿＿＿。

ぜんぜん　あまり　ときどき　よく　いつも

▲ (あまり)

③ 旅行(りょこう)に 行(い)きますか。

→ ＿＿＿＿＿＿＿＿＿＿＿＿＿＿＿＿＿＿＿＿。

18. 다음 그림을 보고, 「行ったことが あります」 또는 「行ったことが ありません」 문을 만드세요.

① 中国(ちゅうごく)

O

＿＿＿＿＿＿＿＿＿＿＿＿＿＿＿＿。

② オーストラリア

X

＿＿＿＿＿＿＿＿＿＿＿＿＿＿＿＿。

③ アメリカ

O

＿＿＿＿＿＿＿＿＿＿＿＿＿＿＿＿。

TEST 2 [쓰기]

4

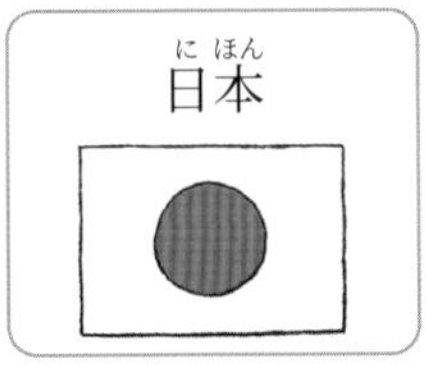

X

____________________________。

19. (　　)안의 단어를 이용하여 다음 질문에 답하세요.

1 旅行(りょこう)は どうでしたか。(いい)

→ ____________________________。

2 試験(しけん)は どうでしたか。(かんたんだ)

→ ____________________________。

1과

듣기 p.17

1. ① b　② b　③ a　④ b　⑤ b

① くつ

② ざる

③ ふた

④ おばあさん

⑤ おっと

쓰기 p.17

2. ① 3　② 3　③ 3　④ 3　⑤ 3　⑥ 5　⑦ 3
 ⑧ 4

2과

말하기 p.24

① いただきます。

② ごちそうさまでした。

③ おやすみなさい。

④ すみません。

⑤ どうぞ。

듣기 p.25

1. ① c　② d　③ a

① 男 : ただいま。
 女 : a ありがとう　b どうも
 c おかえり　d すみません

② 女 : また あしたね
 男 : a こんにちは　b どうも
 c すみません　d じゃあね、バイバイ

③ 男 : たんじょうび おめでとう。
 女 : a ありがとう　b おめでとう
 c どうぞ　d ごちそうさま

3과

말하기 p.30

1. ② はじめまして。
 私は なかむら ゆうこです。
 よろしく おねがいします。
 ③ はじめまして。
 私は スミスです。
 よろしく おねがいします。

2. ① いいえ、 ちがいます。
 大学生では ありません。高校生です。
 ② はい、そうです。
 ③ いいえ、ちがいます。
 会社員では ありません。大学生です。

듣기 p.31

1. たなか たかし … 日本(人), 会社員
 ソン ジヨン … 韓国(人), 高校生

2. ②

1. 男 : こんにちは。はじめまして。田中たかしです。よろしく おねがいします。
 女 : はじめまして。ソン ジヨンです。
 よろしく おねがいします。
 男 : ジヨンさんは、韓国のかたですか。
 女 : はい、私は 韓国人です。
 田中さんは 日本のかたですか。
 男 : はい、日本人です。
 ジヨンさんは、会社員ですか。
 女 : いいえ、会社員では ありません。
 高校生です。田中さんは 大学生ですか。
 男 : いいえ、会社員です。

2. 男 : はじめまして。私は スミスです。アメリカ人です。私は 会社員では ありません。大学生です。

확인문제 p.32

1. ① 初めまして。
   私は キム ジェミンです。
   私は 韓国人です。
   私は 高校生です。
   よろしく おねがいします。
   ② 初めまして。
   私は ゆうこです。
   私は 日本人です。
   私は 会社員です。
   よろしく おねがいします。
2. (1) ② (2) ③ (3) ④ (4) ③

4과

말하기 p.38

1. ② これは スミスさんの かばんです。
   ③ これは えりこさんの けいたい電話です。
   ④ これは ジェミンさんの さいふです。

듣기 p.39

1. (1) a (2) b (3) b (4) a
2. 노트 … 2 의자 … 3 전화 … 1

1. 男 ① これは けいたい電話です。
   女 ② あれは ぼうしです。
   男 ③ あれは さいふです。
   女 ④ これは かばんです。
2. 男 : ゆうこさん、それは 何ですか。
   女 : これは ノートです。たかしさん、あれは 何ですか。
   男 : あれは いすです。
   女 : では、それは 何ですか。
   男 : これは でんわです。

확인문제 p.40

1. ① それ ② あれ ③ これ
2. ① これは ほんです。
   ② これは けいたいでんわです。
   ③ あれは とけいです。
   ④ それは なんですか。

응용연습 p.41

2. これは アメリカの チョコレートです。
3. これは ちゅうごくの かばんです。
4. これは イタリアの めがねです。
5. これは フランスの ワインです。

5과

듣기 p.47

1. (1) ④ (2) ② (3) ①

① 男 : この とけいは だれのですか。
   女 : その とけいは ゆうこさんのです。
② 男 : ここは 何ですか。
   女 : ここは 郵便局です。
③ 女 : 喫茶店は 何階ですか。
   男 : 喫茶店は 1階です。

확인문제 p.48

1. ① ここ(そこ)は がっこうです。
   ② ここ(そこ)は ぎんこうです。
   ③ ここ(そこ)は ゆうびんきょくです。
2. ① さんがいは きっさてんです。
   ② ごかいは ビリヤードです。
   ③ いっかいは じゅくです。
   ④ しょくどうは にかいです。
   ⑤ インターネットカフェは よんかいです。

6과

말하기 p.56

2. アイスクリームは あまくて つめたい たべものです。
3. キムさんはせが たかくて やさしい ひとです。
4. ちゅうごくは おおきくて じんこうが おおいくにです。

듣기 p.57

1. ④　　2. ②

1.
男 : えりこさんは どんな 人ですか。
女 : えりこさんは 髪が 短いです。
男 : 背は 高いですか。
女 : 背は 高くありません。
男 : では、あの 人ですか。
女 : はい、えりこさんは あの スカートが 短い人です。

2.
男 : あなたの かばんは 大きいですか。
女 : いいえ、大きく ありません。小さいです。
　あなたの かばんは 大きいですか。
男 : はい、わたしの かばんは 大きいです。
女 : いいですね。
男 : でも、かばんが 古いです。

확인문제 p.58

1. b キムさんは めが おおきいです。
　c キムさんは かみが ながいです。
　d キムさんは いそがしいです。

2.
① この さいふは たかく ありません(ないです)。
② コーヒーは にがく ありません(ないです)。
③ この かばんは あたらしく ありません(ないです)。
④ かんこくの たべものは おいしく ありません(ないです)。
⑤ キムさんはいそがしく ありません(ないです)。

7과

듣기 p.67

1. (1) d　(2) a　(3) b
2. ①○　②×　③○　④×　⑤○

1. ① すきです
　② かんたんです
　③ にぎやかです

2.
男 : すしは すきですか。
女 : はい、すきです。
　あなたは どうですか。
男 : 私は すしは すきでは ありません。
　すきやきが すきです。
女 : すきやきですか。すきやきは 私も すきです。
男 : あなたは すしも すきやきも すきですね。
女 : はい、そうです。

확인문제 p.68

1. ① はなは きれいです。
　② スポーツは にがてです。
　③ としょかんは しずかです。
　④ この もんだいは ふくざつです。
　⑤ うたは じょうずです。
2. ① としょかんは にぎやかでは ありません。
　としょかんは にぎやかじゃ ないです。
　② あの ひとは うたが じょうずでは ありません。
　あの ひとは うたが じょうずじゃ ないです。
　③ りょうりは じょうずでは ありません。

りょうりは じょうずじゃ ないです。
④ すしは きらいです。
⑤ わたしは ひまです。
3. ① はい、りょうりは じょうずです。
② いいえ、りょうりは かんたんでは ありません。
いいえ、りょうりは かんたんじゃ ないです。
③ いいえ、かいだんは たいへんでは ありません。
いいえ、かいだんは たいへんじゃ ないです。
④ はい、すしは すきです。
⑤ いいえ、この もんだいは むずかしく ありません。
いいえ、この もんだいは むずかしく ないです。

8과

말하기 p.74
① ろくせん ななひゃく ろくじゅう ごえん
② ななひゃく ななじゅう ななえん
③ いちまん せん にひゃく ごじゅうえん
④ にせん ななひゃく ごじゅう ろくえん

듣기 p.75
1. ① 300 ② 6,800 ③ 73,600
2. ②
3. 사과 … 4개 복숭아 … 2개 귤 … 8개

1. 男 : ① さんびゃく
男 : ② ろくせん はっぴゃく
男 : ③ ななまん さんぜん ろっぴゃく
2.
男 : いらっしゃいませ。
女 : その かばんは いくらですか。
男 : これですか。これは 2800えんです。
女 : では、この かばんは いくらですか。
男 : それは 3500えんです。
女 : すこし たかいですね。
では 2800えんのを ください。
男 : はい、ありがとうございます。
3.
男 : いらっしゃいませ。
女 : りんごを よっつと ももを ふたつ ください。
男 : おきゃくさん、みかんも おいしいですよ。
女 : そうですか。では、みかんも やっつ ください。
男 : はい、ありがとうございます。

확인문제 p.76
1. ② みっつ
③ よんひゃく ごじゅう
④ ふたつ / さんびゃく よんじゅう
⑤ ふたつ / ろっぴゃく
⑥ ななつ
2. ① せん よんひゃく
② にせん ななひゃく
③ さんぜん ごひゃく
④ じゅうよんまん ごせん はっぴゃく
⑤ ろくせん はっぴゃく
⑥ はっせん きゅうひゃく

9과

말하기 p.82
① じゅうがつ にじゅう ににち
② にがつ じゅうよっか
③ ろくがつ いつか

듣기 p.83
1. ④ 2. ③

1.
男 : ゆうこさん、今日は 何日ですか。
女 : きょうは 10日です。
男 : あれ、もうすぐ ゆうこさんの たん生日ですね。
女 : ええ、来週の 金曜日です。
男 : ということは 8月20日ですか。
女 : はい、たろうさんの たん生日は いつですか。
男 : ぼくは 3月7日です。

2.
男 : えりこさん、今日は 8日ですか。
女 : はい、そうです。
男 : 何曜日ですか。
女 : 今日は、ええと… 木曜日です。…ん? あれ、すみません。今日は 金曜日です。
男 : では、来週の 金曜日は…。

확인문제 p.84

1. ① 2日 ふつか ② 5日 いつか
③ 8日 ようか ④ 10日 とおか
⑤ 14日じゅうよっか ⑥ 17日 じゅうしちにち
⑦ 19日じゅうくにち ⑧ 20日 はつか
⑨ 24日 にじゅうよっか
⑩ 26日 にじゅうろくにち
⑪ 28日 にじゅうはちにち
⑫ 31日 さんじゅういちにち
2. ① 今月は 5月です。
② あさっては 5月5日です。
③ 来週の 火曜日は 5月11日です。
④ ゆうこさんの たん生日は 5月18日です。
⑤ さ来週の 土曜日は 金さんの たん生日です。

10과

말하기 p.94

2. ① 5人(ごにん)
② 3人(さんにん)
3. ① 6人(ろくにん)
② 3人(さんにん)
4. ① 3人(さんにん)
② 一人(ひとり) / 一人っ子(ひとりっこ)

듣기 p.95

1. ④
2. ①
3. ③

1. 男 : ここに テーブルが あります。
テーブルの 上には 本が あります。
テーブルの 下には りんごが あります。
その りんごの 横には 帽子が あります。
2. 女 : ここに わたしの 家族写真が あります。
私の 家族は 4人です。父と 母と 弟と 私です。弟は 母の 後に います。
3. 女 : 私は 3人兄弟の 末っ子です。
上に 姉と 兄が います。

확인문제 p.96

1. ① あります ② います
③ あります ④ あります
⑤ います
2. ① あには へやに います。
② いもうとは トイレに います。
③ はは(おかあさん)は だいどころに います。
④ ちち(おとうさん)は いまに います。
⑤ くるまは ちゅうしゃじょうに あります。
⑥ そふ(おじいちゃん)と そぼ(おばあちゃん)は にわに います。
3. ① います → あります

② あります　→ います

③ 父　→ お父さん

④ 上　→ 下

あね　ねえ
or いもうと → 姉(お姉ちゃん)

⑤ しまい　→ きょうだい

11과

듣기 p.105

1. ① 4　② 2
2. ③

1.
男 : みゆきさん、どこへ 行きますか。
女 : 学校に 行きます。
男 : 図書館で 勉強しますか。
女 : はい、友だちと 図書館で 勉強します。
男 : そうですか。何で 行きますか。
女 : 歩いてです。
男 : 歩いて 行きますか。遠く ありませんか。
女 : 歩いて 20分ぐらいです。大丈夫ですよ。

2.
男 : ゆうこさん どこへ 行きますか。
女 : 銀行です。たかしさんは?
男 : 私は 家に 帰ります。
女 : あれ? あれは えりこさんじゃないですか。
男 : 本当だ。えりこさ〜ん!!
女2: あっ、たかしくん、ゆうこさん。
男 : えりこさん、どこへ 行きますか。
女2 : デパートに行きます。一緒に行きませんか。
男 : いいですよ。行きます。 ゆうこさんは?
女 : すみません。 きょうは ちょっと…

男 : たかしくんは どこへ 行きますか
女 : ① 図書館　② 家　③ デパート　④ 銀行

확인문제 p.106

1. ① バスで 学校に 行きます。
② 歩いて 郵便局に 行きます。
③ 地下鉄で デパートに 行きます。
2. ① あした たん生日では ありませんか。
② 来年は 2026年では ありませんか。
③ あそこにいる 人は やまださんでは ありませんか。
3. ① あした 図書館に 行きません。
② きょうは バスで 行きません。
③ ことしの 夏は 日本へ 帰りません 。

12과

듣기 p.115

1. ① 4時　② 7時半　③ 9時ちょうど

2. ④
3. ④

1. ① いま なんじですか。よじです。
② いま なんじですか。しちじ はんです。
③ いま なんじですか。くじ ちょうどです。

2.
男 : えりこさん、一緒に 映画を 見ませんか。
女 : きのう ともだちと みました。
男 : そうですか。では、一緒に 勉強しませんか。
女 : はい、いいですよ。では、よじに 図書館で あいましょう。

男 : えりこさんは きのう 何を しましたか。
女 : ① ねました。
② 勉強しました。
③ 本を 読みました。
④ 映画を 見ました。

3.
男 : ゆうこさん、日曜日、一緒に 映画を 見ませんか。
女 : すみません。日曜日は 友だちと 勉強する約束が あります。
男 : そうですか。ざんねんだな。

男 : ゆうこさんは 日曜日に 何を しますか。
女 : ① ごはんを 食べます。
② 映画を 見ます。
③ ねます。
④ 勉強します。

확인문제 p.116

1. ① 銀行はごぜん10時からごご4時までです。
② じゅくはごぜん7時からごご9時までです。
③ テストはごぜん9時からごご2時までです。
④ デパートは ごぜん 10時から ごご 8時までです。
⑤ 郵便局はごぜん9時からごご5時までです。
⑥ 本屋はごぜん10時からごご10時までです。
⑦ 食堂はごぜん11時からごご10時までです。

13과

말하기 p.123

1.
① うさぎと かめと どちらが はやいですか。
かめより うさぎの ほうが はやいです。
② ゆきさんと ゆりさんと どちらが かみが ながいですか。
ゆきさんより ゆりさんの ほうが かみが ながいです。
③ すしと すきやきと どちらが おいしいですか。
すしより すきやきの ほうが おいしいです。/ すきやきより すしの ほうが おいしいです。
④ お父さんと お母さんと どちらが こわいですか。
お父さんより お母さんの ほうが こわいです。/ お母さんより お父さんの ほうが こわいです。
⑤ りんごと みかんと どちらが おおいですか。
りんごより みかんの ほうが おおいです。

2.
① たべものの 中で なにが 一番 好きですか。
すしが 一番 好きです。
② くだものの 中で なにが 一番 好きですか。
ももが 一番 好きです。
③ どうぶつの 中で なにが 一番 好きですか。
ねこが 一番 好きです。
④ かぞくの 中で だれが 一番 好きですか。
お母さんが 一番 好きです。
⑤ デパートの 中で どこの デパートが 一番 家から ちかいですか。
Hデパートが 一番 家から ちかいです。

듣기 p.125

1. ① b　② b　③ a　④ b
2. ① 1
② あした / ごご1時 / デパートの 前

1.
① 男 : ももと レモンと どちらが おおいですか。
女 : ももより レモンの ほうが おおいです。
② 男 : くまと ぞうと どちらが 大きいですか。
女 : くまより ぞうの ほうが 大きいです。
③ 男 : ケーキと バナナと どちらが あまいですか。
女 : バナナより ケーキのほうがあまいです。
④ 男 : うさぎと かめと どちらがおそいですか。
女 : うさぎより かめの ほうが おそいです。

2.

男 : もしもし、ゆうこさん? たかしです。

女 : たかしさん、どうしましたか。

男 : あした 一緒に 映画を 見ませんか。

女 : いいですよ。

男 : では、あしたの ごご1時に デパートの 前で 会いましょう。

女 : はい、わかりました。

확인문제 p.126

1.

① すきやきより すしの ほうが おいしいです。

② かめより うさぎの ほうが はやいです。

③ ねこより いぬの ほうが おおいです。

2.

① くだものの 中で ももが 一番 おいしいです。

② 世界の 中で 中国の 人口が 一番 多いです。

③ かぞくの 中で お母さんが 一番 こわいです。

3.

① たん生日だから おいわいを します。

② 夜道は あぶないから タクシーに 乗ります。

③ あの 子は 明るいから 人気が あります。

④ かばんが 大きいから 何でも 入ります。

14과

말하기 p.132

1. ② 歌手に なりたいです。
   ③ 医者に なりたいです。
   ④ 世界旅行を(が) したいです。
   ⑤ 映画を(が) 作りたいです。
   ⑥ 宇宙に 行きたいです。

듣기 p.133

1. ④　　2. ④　　3. ③

1.

男 : ゆうこさん、ごはんを食べに行きましょう。

女 : そうですね。

男 : 何が 食べたいですか。

女 : 日本食が 食べたいです。

男 : では、てんぷらを 食べに 行きましょう。

女 : ええ、いいですよ。

2.

女 : もしもし、たろうさん? 今日 一緒に 図書館に 行きませんか。

男 : 図書館ですか。いいですよ。何で 行きますか。

女 : バスで 行きましょう。

男 : バスより 地下鉄の ほうが いいです。
地下鉄で 行きましょう。

女 : ええ、いいですよ。バスが きらいですか。

男 : はい、バスは ちょっと… 。

男 : たろうさんが したくないことは 何ですか。

女　① 図書館に 行くこと
　　② 地下鉄に 乗ること
　　③ 電話すること
　　④ バスに 乗ること

3.

男 : よしこさんは 将来 何に なりたいですか。

女 : 私は 歌手に なりたいです。

男 : よしこさんは 歌が 上手だから きっと 大丈夫ですね。

女 : ありがとうございます。たかしさんは 何に なりたいですか。

男 : 私ですか。私は 医者です。父が 医者だから。

女 : そうなんですか。がんばってください。

확인문제 p.134

1.

① 私は 映画を(が) 見たいです。

② 私は 旅行に 行きたいです。

③ デジカメを(が) 買いたいです。

④ 一日中 寝たいです。

⑤ おいしい すしを(が) 食べたいです。

2.

① 勉強したくないです。/
勉強したくありません。

② 病院に 行きたくないです。/
病院に 行きたくありません。

③ お見合を したくないです。/
お見合を したくありません。

④ いなかで 働きたくないです。/
いなかで 働きたくありません。

⑤ 英語で 話したくないです。/
英語で 話したくありません。

⑥ 日本へ 行きたくないです。/
日本へ 行きたくありません。

15과

말하기 p.142

1.

② 動物に えさを あげても いいですか。
はい、動物に えさを あげても いいです。
いいえ、動物に えさを あげては いけません。

③ しばふに はいっても いいですか。
はい、しばふに はいっても いいです。
いいえ、しばふに はいっては いけません。

④ 写真を とっても いいですか。
はい、写真を とっても いいです。
いいえ、 写真を とっては いけません。

⑤ 動物を さわっても いいですか。
はい、動物を さわっても いいです。
いいえ、動物を さわっては いけません。

듣기 p.143

1. ②, ③

2. ① d　② c　③ a　④ b

3. ②

1.

男：えりこさん、この おかし 食べても いいですか。

女：ええ、いいですよ。

男：これは 何ですか。見ても いいですか。

女：それは 私の 日記です。見ては いけません。

男：では こっちの 写真は?

女：それは 見ても いいです。

2.

男　① たばこを すっては いけません。

女　② 大声を 出しては いけません。

男　③ ここで 写真を とっては いけません。

女　④ 外に 持ち出しては いけません。

3.

女(店員)：いらっしゃいませ。

男(客)　：すみません。これを おねがいします。

女(店員)：はい。では、こちらに お名前と お電話番号を 書いて ください。

男(客)　：名前と 電話番号ですね。

확인문제 p.144

1. ① おかしを 食べても いいです。
② さきに ご飯を 食べても いいです。
③ 写真を 見ても いいです。
④ さきに 帰っても いいです。
⑤ 自由に 持って 帰っても いいです。

2. ① 作品に 手を ふれては いけません
② 大声を 出しては いけません
③ たばこを すっては いけません

④ 走り回っては いけません

⑤ 食べ物を 持ちこんでは いけません。

3. ① サインを して ください。

② 9時までに もどって ください。

③ 順番を 守って ください。

④ おもちゃを 買って ください。

⑤ ちょっと 手伝って ください。

16과

말하기 p.152

1. ② 勉強を しています。

③ 電話を かけています。

④ 音楽を 聞いています。

⑤ 本を 読んでいます。

⑥ 写真を とっています。

⑦ ごはんを 食べています。

⑧ 料理を しています。

듣기 p.153

1. ① b ② d ③ e ④ a ⑤ c

2. ② えいが … よく

③ おさけ … ぜんぜん

④ かいもの … あまり

1.

男 ① ゆうこさんは でんわを かけています。

女 ② たかしさんは テレビを 見ています。

男 ③ えりこさんは 本を 読んでいます。

女 ④ スミスさんは 勉強して います。

男 ⑤ キムさんは 音楽を 聞いて います。

2.

男 : スポーツは よくしますか。

女 : ときどき します。

男 : では 映画は どうですか。

女 : 映画は よく 見に 行きます。

男 : お酒も よく のみに 行きますか。

女 : お酒は ぜんぜん のみません。

男 : かいものは どうですか。

女 : かいものも あまり しません。

확인문제 p.154

1. ① ご飯を 食べています。

② ぼうしを かぶっています。

③ 釜山に 住んでいます。

④ 先生を しています。

2. ② → ③ → ① → ④

3. ① きれい → きれいな

② 広いな → 広い

③ 静かだ → 静かな

④ 学校 → 学校の

⑤ 安く → 安い

17과

말하기 p.162

1.

あなたは カナダに 行ったことが ありますか。

はい、行ったことが あります。

いいえ、行ったことが ありません。

あなたは オーストラリアに 行ったことが ありますか。

はい、行ったことが あります。

いいえ、 行ったことが ありません。

あなたは イギリスに 行ったことが ありますか。

はい、行ったことが あります。

いいえ、行ったことが ありません。

あなたは フランスに 行ったことが ありますか。

はい、行ったことが あります。

いいえ、行ったことが ありません。

あなたは 日本に 行ったことが ありますか。
はい、行ったことが あります。
いいえ、行ったことが ありません。

あなたは 中国に 行ったことが ありますか。
はい、行ったことが あります。
いいえ、行ったことが ありません。

あなたは タイに 行ったことが ありますか。
はい、行ったことが あります。
いいえ、行ったことが ありません。

あなたは ベトナムに 行ったことが ありますか
はい、行ったことが あります。
いいえ、行ったことが ありません。

あなたは インドに 行ったことが ありますか。
はい、行ったことが あります。
いいえ、行ったことが ありません。

あなたは ドイツに 行ったことが ありますか。
はい、行ったことが あります。
いいえ、行ったことが ありません。

あなたは イタリアに 行ったことが ありますか。
はい、行ったことが あります。
いいえ、行ったことが ありません。

あなたは インドネシアに 行った ことが ありますか。
はい、行ったことが あります。
いいえ、行ったことが ありません。

あなたは 香港に 行ったことが ありますか。
はい、行ったことが あります。
いいえ、行ったことが ありません。

あなたは スイスに 行ったことが ありますか。
はい、行ったことが あります。
いいえ、行ったことが ありません。

듣기 p.164

1. ① a ② b ③ c
2. ① あさごはん … たべた ほうが いい
   ② かんしょく … たべない ほうが いい
   ③ おさけ … のまない ほうが いい
   ④ うんどう … した ほうが いい
   ⑤ へんしょく … しない ほうが いい

① 男 : ゆうこさん、アメリカに 行ったことが ありますか。
女 : いいえ、行ったことが ありません。でも、カナダには 行ったことが あります。

② 男 : えりこさん 今度の 旅行 何で 行きますか。
女 : 飛行機に 乗ったことが ないから 飛行機で 行きたいです。

③ 男 : よしこさん 有名人を 見たことが ありますか。
女 : はい、一度だけ。
男 : えっ?! だれですか。
女 : サッカー選手を 一度だけ 見たことが あります。
男 : そうですか。

2.
女 : ダイエットに 成功する 秘訣。
朝ごはんは きちんと 食べた ほうが よい。
間食は 食べない ほうが よい。
お酒は のまない ほうが よい。
定期的に 運動を した ほうが よい。
偏食は しない ほうが よい。

확인문제 p.165

1. ① はい、日本に 行ったことが あります。
いいえ、日本に行ったことが ありません。
② はい、宝くじが あたったことが あります。
いいえ、 宝くじが あたった ことが ありません。
③ はい、交通事故に あったことが あります。
いいえ、交通事故に あったことが ありません。
④ はい、親と ケンカしたことが あります。
いいえ、親と ケンカしたことが ありません。
⑤ はい、アルバイトを したことが あります。
いいえ、アルバイトを したことが ありません。

2. ① のんだ
② 食べた
③ 行った
④ 運動した
⑤ すわない

TEST 1 [듣기문제]

p.168

1. ① c ② e ③ b ④ d ⑤ a
① いってきます ② おはようございます
③ ただいま ④ どうぞ
⑤ おめでとう

2. ① ○ ② × ③ ○ ④ ○
はじめまして。
わたしの なまえは たかしです。
わたしは にほんじんです。
(たかしさんは かいしゃいんですか。)
いいえ、ちがいます。
わたしは だいがくせいです。

3. ⑴ c ⑵ a
① これは ぼうしです。
② あれは けいたいでんわです。

4. 3F…b 2F…c 1F…a
A: 食堂は なんがいですか。
B: 食堂は 1かいです。
A: 3がいは 何ですか。
B: 3がいは じゅくです。
A: では 2かいが 喫茶店ですか。
B: はい、そうです。

5. ① 토끼
A: それは どんな どうぶつですか。
B: これはしろくてみみがながいどうぶつです。

6 ①-2 すきやき ②-3 あお(いろ)
A: ゆうこさんはどんなたべものが すきですか。
B: わたしは すきやきが すきです。
A: では どんな いろが すきですか。
B: あおいろが すきです。

7. ③ いつつで 400(よんひゃく)えん
A: いらっしゃいませ。
B: この りんごは いくらですか。
A: ひとつ 100えんで、いつつで 400えんです。

8. ② 4がつ ようか 20さい
A: たかしさん、たんじょうび いつですか。
B: 4がつ ようかです。
A: おいくつですか。
B: はたちです。

9. ① 5人(家族)　② b. 3人兄弟
私は 5人家族です。
両親と 兄と 妹が います。

10. ① c. デパート　② b. あるいて
A: えりこさん どこへ 行きますか。
B: デパートへ 行きます。
A: バスで 行きますか。
B: いいえ、あるいて 行きます。

11. ① から / まで　② ました　③ ましょう
① 6時から 7時まで 食事を します。
② 昨日 デパートに 行きました。
③ いっしょに 映画を 見ましょう。

12. ① a　② c
A: たかしさん どうぶつの なかで なにが いちばん 好きですか。
B: いぬが いちばん 好きです。
A: なぜですか。
B: かわいいからです。

13. [3] えいがづくり
A: 私は しょうらい えいがを つくりたいです。あなたは?
B: 私は せかいりょこうが したいです。

14. ① ×　② ×　③ ○
ここは 動物園です。よく 聞いてください。
動物を さわっては いけません
動物に えさを あたえては いけません。
写真は とっても いいです。

15. たかし(b)　キム(a)　けんじ(c)
A: どの 人が たかしさんですか。
B: たかしさんは 音楽を 聞いて いる 人です。
A: どの 人が キムさんですか。
B: キムさんは 写真を とって いる 人です。
A: どの 人が けんじさんですか。
B: けんじさんは テレビを 見て いる 人です。

16. b. はが いたい　c. ねつが ある
① A: たかしさん、どうしましたか。
B: はが いたいです。
A: ではは いしゃに行ったほうがいいですよ。
② A: けんじさん、どうしましたか。
B: ねつが あります。
B: では、くすりを飲んだほうがいいですよ。

TEST 2 [쓰기문제]

p.175

1. ① こんにちは　② いただきます
③ いってきます　④ おやすみなさい
⑤ どうぞ　⑥ すみません
2. ① かいしゃいん　② かんこくじん
③ こうこうせい
3. ① はじめまして
② はい、そうです
③ よろしく おねがいします
4. ① 中国の かばんです。

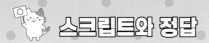

② フランスの ワインです。

③ イタリアの めがねです。

5. ① A : ここは どこですか。
B : ここは ぎんこうです。

② A : ここは どこですか。
B : ここは デパートです。

③ A : ここは どこですか。
B : ここは がっこうです。

6. ① かみは(が) みじかいです。

② めは(が) おおきいです。

③ せは(が) たかいです。

④ スカートは(が) ながいです。

7. ① きらいだ　② にがてだ

③ ふべんだ　④ へただ

8. ① ひとつ / 400(よんひゃく)えん

② ふたつ / 350(さんびゃくごじゅう)えん

③ りんご / ここのつ / 500(ごひゃく)えん

9. ① かようび　② おととい　③ らいねん

④ とおか　⑤ しがつ

10. ① 上 / います　② 下 / あります

11. ① ちち(おとうさん)　② はは(おかあさん)

③ そぼ(おばあちゃん)　④ いもうと

12. ① 今日 たん生日では ありませんか。

② 家へ(に) 帰ります。

③ タクシーで 銀行に 行きますか。

13. ① いちじ　② よじ　③ くじ

14. ① かめより うさぎの ほうが はやいです。

② りんごより ももの ほうが おおいです。

15. ① (私は) デザイナーに なりたいです。

② (私は) いしゃに なりたいです。

③ (私は) かしゅに なりたいです。

16. ① 写真を 見ても いいです。

② たばこを すっては いけません。

③ 大声を 出しては いけません。

17. ① 映画は ぜんぜん 見ません。

② 料理は ときどき します。

③ 旅行は あまり 行きません。

18. ① 中国に 行ったことが あります。

② オーストラリアに行ったことがありません。

③ アメリカに 行ったことが あります。

④ 日本に 行ったことが ありません。

19. ① (旅行は)よかったです。

② (試験は)かんたんでした。

か

さ

감수 水野俊平

일본 北海道에서 출생
일본 天理大学 朝鮮学科 졸업
전남대학교 대학원 국어국문학과 박사과정 수료
일본어교사능력검증 합격
現 북해 상과대 상학부 교수
저서 일본어 작문 플러스(제이플러스)
퍼펙트 일본어회화사전 (제이플러스)
액션 일본어회화 1·2 (제이플러스) 外
감수 쑥쑥 주니어 일본어(제이플러스)
스타트 일본어회화 1·2(제이플러스)

초판 2025년 5월 15일

水野俊平 감수
기획편집부 지음
발행인 이기선
발행처 제이플러스
주소 경기도 고양시 덕양구 향동로 217
전화 영업부 02-332-8320 편집부 02-3142-2520
팩스 02-332-8321
홈페이지 www.jplus114.com
등록번호 제10-1680호
등록일자 1998년 12월 9일
ISBN 979-11-5601-282-5

값 17,500원 (음원QR포함)
이 책은 '스타트 일본어회화 입문 1'의 개정판으로 제호가 바뀌었음을 알려드립니다.